JN306926

新潮新書

美達大和
MITATSU Yamato

死刑絶対肯定論

無期懲役囚の主張

373

新潮社

はじめに

殺人や人殺しは、時代を問わず、小説やドラマでは最大のテーマになっています。メディアには毎日のように殺人事件の報道が溢れていますが、現在の殺人事件の発生件数は、決して増加傾向にある訳ではありません。戦後は、昭和二〇年代半ばから三〇年にかけての年間三〇〇〇件強をピークとして減少し、犯罪白書によりますと、近年は次の通りです。

平成一六（二〇〇四）年　一四一九件
平成一七（二〇〇五）年　一三九二件
平成一八（二〇〇六）年　一三〇九件
平成一九（二〇〇七）年　一一九九件

平成二〇（二〇〇八）年　一二九七件
平成二一（二〇〇九）年　一〇九七件

ちなみに、平成二〇年の事件による死亡者数は一二一一人となっています（犯罪白書の殺人事件は未遂を含みます）。凶悪犯罪の増加というフレーズはメディアを賑わせていますが、統計上の数字のみを参照しますと、決して増加しているとは言えません。殺人事件の被害者になる比率は、未遂を含めても、一〇万人あたりで一・〇五人です。皆さんの周囲に、被害者やその家族がいるということは、本当に稀な筈です。つまり、ほとんどの皆さんは、「殺人犯の生態を知ることはない」ということです。

平成二一年五月から始まった裁判員制度とも相俟って、現在、国会議員の中で仮釈放のない終身刑を創設しようという動きが出てきています。また、それに合わせて、学者・専門家・ライターが、著書で自論を展開したり、状況を報告したりしています。

私は、学者でも専門家でもなく、書くためのトレーニングを積んだライターでもありませんが、それらの著書に目を通して、いつも感じることがありました。それは、肝腎な殺人犯・受刑者、刑務所内の生活について極端に情報が不足していること、そして誤った情報と認識が流布されていることです。

しかし、それは無理のないことかも知れません。いま述べたように、「凶悪犯罪の増加」というメディアの演出とは裏腹に、普通の生活において、殺人事件の関係者になるということは、ほとんどないからです。また、受刑者や刑務所の本当の実態は、彼らと共に生活している受刑者か刑務官でなければ知りようがありません。

そこで受刑者たち、とりわけ殺人犯とはどういう人間か、服役後の暮らしはどのようになっているのかを正確に伝え、その実情を踏まえて真に効果のある施策を提案出来ないだろうかと考え、この本を書きました。


私は計画的に二件の事件で二人の生命を奪った無期囚です。

既に塀の中の暮らしが二〇年弱になりました。自分の事件や反省に至るまでの経緯については、平成二一年一月に出版した『人を殺すとはどういうことか　長期LB級刑務所・殺人犯の告白』（新潮社刊）という本にまとめてあります。

現在、私の服役している施設は、「LB級施設」と呼ばれます。刑期八年以上（平成二一年より一〇年以上）というロングのL、再犯者又は犯罪傾向の進んでいる者（殺人など重罪、又はヤクザなどです）を表すB級のBから、そのように称されています。要は悪質な受刑者ということですが、初犯であっても罪質が悪いと分類されたならば、移送されることもあります。

ＬＢ級施設は全国に五ヵ所しかありません。服役している受刑者達の罪は、社会でいい年になった人が「昔は悪くてさ」というような、可愛いレベルのものではありません。長期刑受刑者（当施設には過剰収容の影響で刑期八年未満の短期受刑者もいます）の半数近くが殺人犯ですから、受刑者たちが作業をしている工場では、あっちを向いてもこっちを向いても「人殺し」だらけです。「えっ、あんな、おじさんまで!?」と、感じるような一見、温厚そうに見える受刑者もいますが、社会の皆さんがその犯罪の態様を聞けば震え上がるでしょう。

前著の『人を殺すとはどういうことか』で触れていますので詳述は避けますが、私は、自身の罪の大きさに対する自覚と、責任と謝罪の一助とする為に、社会へ出ることを放棄し刑務所で人生を終えるつもりでいます。そうした立場から、受刑者が改心し、更生するにはどうしたらいいのかを考えてみました。「受刑者が何を言うか」というのは尤《もっと》もな意見ですが、残念ながら、犯罪に関しては、受刑者にしか気付かないことが少なくないのです。

　犯罪は根絶できませんが、減らすことはできる筈です。殺人事件のように、ある日、唐突に誰かの人生を凄惨に断ってしまう犯罪を少しでも減らすことは出来ないか。過ちを犯してしまった者は、自分自身の人生をやり直せないか。そんな方法がないだろうか。我が身を省みず、自身の反省、謝罪と合わせて、日々考えています。

　私の罪は、どんなに善行を積んでも消えませんし、被害者の命が戻る訳ではありません。しかし、生かせて頂いている以上、自分を何らかの役に立てる方法はないだろうかと、日々無い知恵を絞っています。幸いなことに、前著を読まれた方から、アメリカのライファーズ（終身刑受刑者）を対象として設けられた更生プログラム（アミティ）の存在を知らされ、以前以上に具体的に思案を巡らすようになりました。

　近年は加害者の人権が過剰に叫ばれていますが、目先の人権ではなく、真の人権というのは、反省させ、矯正し、正しい考え方を持たせて、自らの人生に真摯に取り組ませることではないのかと思います。正常な人の心と生活を、殺人者に取り戻させるように、厳しくしながらも、手を引っ張り、背中を押すことが、人権の尊重ということではないでしょうか。どんなに厳しい刑を科されようと、また、将来があろうとなかろうと、殺人者が逃げずに自分と向き合うことは、本人にとって精神的に途方もない財産であり、救いだと思います。

この本に記したことは、皆さんにとってブラックボックスのようになっていることばかりだと思いますが、実際のところを知って頂きたいと思います。受刑者であり、何よりも殺人犯の私がこのように縷述《るじゅつ》することに対し、不快の念を持つ方もいるかと推察しますが、その点は御宥恕《ゆうじょ》下さい。

また、記述の都合上、恰《あたか》も私自身が殺人犯であることを失念し、剰《あまつさ》え「上から目線」で述べているように感じられる場合もあると思いますが、逐一殺人犯であるという断りを入れた場合、煩わしさを感じさせるのではと思い、そういう記述になっていることをお断りしておきます。

塀の中のことを、脚色せず、在るがままに叙述しました。皆さんが今後、殺人とは、罪とは、裁判員になった場合にどうするか……等を勘考する際に参考にして頂けるなら、幸甚の至りです。

死刑絶対肯定論　無期懲役囚の主張——目次

第一章　ほとんどの殺人犯は反省しない

普段は大人しそうな人が……

殺人犯。

その言葉の響きからは、禍々《まがまが》しさや恐ろしさが連想されることと思いますが、服役する以前の私も、そんな印象がありました。

桎梏《しっこく》の身となり二〇年弱という歳月が経ちましたが、当所へ来た時の太陽の眩しさと、特別に暑かった夏の空気を昨日のことのように覚えています。

確信的に二人の尊い生命を奪い、無期囚として現在のＬＢ級施設に移送されましたが、生来、何でも知りたがり屋の私は、どんな凶悪犯達が棲息しているのか、好奇心で胸を膨らませて刑務所の門をくぐりました。

初めに予想していたのは、殺人犯達の大半はさぞや粗野で好戦的、或は攻撃的で、すぐに怒りを激しく爆発させるような狂暴な男達なんだろうということでした。相手との距離を保つことに於いて稚拙であり、思い通りにならなければ、あっという間に沸点に達し、暴力行為に及ぶ……そんな人間像を夢想していたのです。人相も、眉間の縦皺が深く、始終不機嫌そうで視線も鋭く、顔中に険を滲ませているのではというイメージでした。

初めて工場に足を踏み入れた時、中央の通路を歩きながら、珍獣でも見るかのように、周りをゆっくり見回しましたが、人相の悪さという点では、なるほどなあ、と得心しました。後で話をするようになった同囚達は、私を見て同じことを考えていたそうですが、所内の坊主頭の男達は、どうしても悪相に見えるものです。

実際に一緒に暮らした殺人犯達は、私の当初の予想とは大きく異なり、殺人犯というおどろおどろしい言葉のイメージはあっさりと崩れ去りました。

当所は、長期刑受刑者（刑期八年以上）の約半数が殺人犯ですが、大別しますと、初めは殺害する予定はなかったのに事の成り行き上、結果的に殺害することになった者と、初めから明確に殺害を企図した者がいます。

殺害する予定ではなかったのに被害者の生命を奪った事犯には、強盗殺人をはじめとして、喧嘩、放火、強姦、集団暴行、私的制裁による殺人等があります。無期囚の中で最も多いのが強盗殺人犯ですが、この中で初めから被害者を殺害しようという意志を持って犯行に至った者は少数派です。大概は窃盗（空き巣も含め）に侵入したつもりが、被害者に見付かり、凶行に至ったというのが実情です。

殺害に及んだ理由の第一は、発覚し、逮捕され服役したくなかったというものですが、他にも窃盗の妨害をされたり（されるのが当然だと思うのですが）、抵抗される等して、怒りや激情にかられて暴行を加え、死に至らしめたというものです。

当所は再犯刑務所ですので、ほとんどの受刑者には服役歴があります。稀に初犯受刑者もいますが、多くは刑務所での生活を何度か経験し、自分が逮捕されることによって、刑務所の門をくぐることは必至と知っているが故に、服役を逃れる為、被害者に暴行を加えたのです。社会で良識と常識を持って生活している皆さんからすれば不可解と思われるでしょうが、受刑者達には窃盗自体は悪いことではない、という意識が根底にある為に、己の非は考慮していません（この辺の心理については後述します）。

自分が窃盗に侵入したにも拘わらず、被害者に非があるかのように罵倒し、己の罪を認めないという姿は、当所では『当たり前』のことです。

「あんな所にいるからだ」

「向かってくるからだ」

「騒ぐなって言ったのに大声出しやがって」

「盗られたってどうせ会社の物なのに邪魔するからだ。おかげで、こっちがこんな所に長くいることになった。被害者は俺だ」

「俺の人生、なくなったぞ」

こうしたセリフが、受刑者同士の会話に普通に頻出します。

計画していた訳ではないが、結果的に被害者を殺害した受刑者には、普段は大人しく、受動的な者が多く、私の描いていた殺人犯のイメージとは正反対でした。それこそ、平常心では人を殺すどころか殴ることもできず、寧《むし》ろ殴られる方であったり、気が小さく、他者に指図をされているようなキャラクターです。そのような彼らも、事件の際は自分達が複数であったり、被害者がさらに弱い者であることなどから、凶行に及んでいます。

彼らの口から聞かれる言葉は、その場の衝動だった、夢中だった、気が付いたら既に被害者は瀕死の重傷だった、死んでいた、などというものですが、順を追って注意深く訊きますと、初めの一撃は衝動や咄嗟であったとしても、途中からは殺さなくては自分が捕まる、被害者の言動に怒りや憎悪の念を滾《たぎ》らせた、明確ではないが殺すかもしれない、死んでもいいという未必《みひつ》の故意が認められます。抵抗し、怪我をしている被害者を見て、はっきり殺意を持ったという者も少なくありません。

勿論、裁判では徹頭徹尾、「もののはずみ」「衝動」「夢中で殺意はなかった」と弁解していることは言うまでもありません。私が直接訊いた限りでは、被害者が怪我をしたから救急車を呼んだとか、助けようと何らかの行動をとった者は皆無です。

強盗殺人罪は、余程の情状酌量による有期刑への軽減がなければ、死刑又は無期懲役刑が科されます。本人達からすれば、窃盗に入ったつもりが強盗殺人罪で無期懲役刑になったのですから、己の犯行を棚に上げ、被害者を恨むという図式が成立する訳です。

このタイプの殺人犯は、一般社会に於いて、読者の皆さんと接する機会が有ったとしても、利害がからまない限り、普通の人に見えますし、人を殺すようには感じられないでしょう。ただ、倫理観・道徳観は、常識を持って生活している人達とは大きく異なります。

放火、強姦による殺人犯

放火や強姦による殺人犯も、このタイプが多いですが、彼らは総じて受け身で、人付き合いにも消極的です。

服役歴は複数回あるのが普通で、強盗殺人罪の者は窃盗や覚醒剤、強姦殺人罪の者は強姦や強制猥褻、放火殺人罪の者は放火・窃盗・住居不法侵入等の前科を持っています。これらの者に、少年時代に少年院送致になった経験があったとしても、罪名はほぼ同じです。

日本の刑法では、窃盗をはじめ財産犯の量刑は軽く、服役歴を多数回重ねていたとしても、せいぜい三、四年から五、六年の懲役刑の為、三、四回以上の服役歴は決して珍しくありません。

放火殺人については、そこに人がいることを知らなかったことに加え、全く殺意がなく、当人が翌日の報道で人が死んだことを知り、呆然としたと言う者ばかりです。私が直接、話したり、接することがあった例は数例ですが、放火犯は性格的に暗く、人付き合いを避ける傾向を持っています。一緒にいることがあっても、相手が話しかけてこない限りは口を開くこともなく、中には話しかけられることを露骨に嫌う者もいます。

強姦犯にも似たような傾向が見られますが、一方で社交的であり、話をしていても人を魅きつけ、犯罪に及ぶ必要がないのではと疑問に感じる者もいました。私がその点を尋ねたところ、女の人との縁には不自由しないが、本気で抵抗されなければつまらないのだと、しれっと言います。一種の病気なのかもしれません。

当所では、一〇代の頃、或は人によっては最近まで、強姦の経験があるという者が少なくありませんが、彼らにとって強姦というのは犯罪ではなくゲーム、娯楽という要素を含んでいるようです。

或る時、共同室（以前は雑居房と呼んでいました）に於いて、私ともう一名以外の五名全員が少年院経験者という状況で、一〇代の若い頃の強姦経験が話題になったことがあります。LB級施設ですから、ちょいワルどころか、極ワルというのが共通認識になっています。

「美達さん。一〇代の頃、やっぱりやりましたか、強姦は？」

経験も、その気もなかったと伝えますと、極ワル達は「えーっ！」と仰《の》け反《ぞ》りました。

「皆は両脚の間でそれを考えるのだろうけど、俺は両耳の間で考えるからね」

と答えましたが、その後、犯罪被害者に関する本を読み漁ったところ、強姦というのは男が考えの及ばない程の大きな罪であり、被害者の人格と人生を破壊する点では殺人に匹敵することもあるというのを知りました。

一般的に、刑務所では強姦犯は同囚から冷遇されるという不文律があるらしいのですが、当所ではそれほど露骨ではありません。ただ、本人のいない場では、非難の声が挙がったり、嘲笑されることはよくあります。

強姦殺人を犯す者に理由を問うと、以前に強姦罪や強制猥褻で服役した際に、被害者に自分の顔を覚えられていたことが逮捕の決め手になったから、といいます。窃盗・放火・強姦は、薬物と同じように習慣性が強く、自身でさえ「病気ですから」という者が散見されます。

「出たら、また、やるだろう?」

と、訊きますと、微笑を浮かべて頷《うなず》きます。懲りない面々と言いますが、こうした面々は社会からできるだけ長く隔離するしかありません。

計画的な強盗殺人犯は「極悪」

刑務所には窃盗犯の受刑者が多いのですが、工場・居室では、滅多に窃盗事犯は起きません。食べることに困らないからだと考えられますが、刑務所のように衣・食・住に心配のない場では、大概の受刑者は他人の物を脅し取ることはあっても、盗むというのは少ないものです。また、刑務所内ではそれが存在しない為に、酒・女・物質的贅沢に必要な金銭的欲望が起こらないこともあると考えられます。

他方、初めから被害者を殺害する計画で強盗殺人を実行した者、喧嘩による殺人を犯した者は、世間が描く殺人犯のモデルに近いものがあります。衝動的であり、激情型、粗野な言動、好戦的、エゴが強い……そんなタイプと言えるでしょう。

実際に話をしますと、社交的であり、性格の明るい者が多く、表面上は面白いお兄さん、おじさんに見えます。利害関係がなければ、元気のいい人だなあ、という程度ですが、何か意に添わぬことが起きると、キレるまでのレスポンスタイムが異常に短かく、過剰に怒りを表出した言動を取ります。概ね単純であり、抽象思考をすることなく、直情径行、いわゆる「わかりやすい」性格です。少年期から、暴力行為、恐喝、脅迫、傷害、薬物、暴走行為等での少年院、刑務所での生活を経験している者の比率が高いことも特徴です。その間に、暴力団の構成員になる者もいますが、堅気のまま、悪い道から脱けることなく、服役を繰り返す者も少なくありません。

当初から殺害を目的に強盗に及んだ者は、杜撰ながらも犯行計画を立てていますが、最後の「発覚しない」という予定が狂い、当所で無期懲役刑で服役する羽目になっています。予想外の被害者の激しい抵抗に遭ったり、計画していた金品の奪取がなかったなどで、服役後も被害者に対する怨嗟《えんさ》を声高に叫ぶのがこのタイプです。

また、強盗殺人の法定刑が死刑と無期懲役刑という点を知っていた者は少なく、捕まってから量刑の重さに戦《おのの》き、裁判では計画はしていない、殺意はなかったと陳述するものの、その意図を看破されているケースがほとんどです。被害者が一人だと死刑にはならず、無期懲役刑を宣され、当所にやってくるのです。

「こんなに（刑が）重いとは知らなかった」

「知っていたら、やっていなかったか？」

「うーん……やってたろうな、切羽詰まってたからな……」

こう言って、力なく唇を噛み締めています。

現在の無期囚は仮釈放になるまでに、いろいろな不条理に耐え忍び、無事故（刑務所内の規則を破らないこと）で生活しても、三〇年から三五年は服役することになります（ごく稀に二七、八年で仮釈放になる場合もあります。二〇〇七年度の仮釈放者の平均服役年数は三一年一〇ヵ月、二〇〇八年度は二八年一〇ヵ月です）。行為と結果を鑑みますと決して長いと言い切れませんが、単に時間だけを思料した場合、遥かなる歳月と言えるでしょう。好戦的で言動が粗野、エゴが強いこのタイプの無期囚の服役は、事故を起こすことが多く、本人が仮釈放の希望を持っていても、なかなかすんなり無事故で暮らすことはできません。

刑務所という場は、社会以上に理不尽であり、道理の通らぬ状況に遭遇しますが、無期囚の場合は、それに堪え、時には夜、枕を濡らし、悔しさで震えることにも堪え、無事故を守らなければならないのです。

喧嘩による殺人

喧嘩や集団暴行の結果、被害者を死に至らしめたケースでは、殺害を初めから意図した者、そうではなく、はずみでそうなってしまった者に分けられます。

喧嘩による殺人では、前出の強盗殺人犯のように、好戦的で粗暴な言動を常態としている者、激情型が過半を占めています。粗暴と言っても、それが仲間内であれば親密さの表現と受け取られることもあります。

「怒ると見境がつかなくなるんだよねえ」

「キレると、自分はダメなんですよ」

と、普段は笑みを浮かべていますが、喧嘩が原因のせいなのか、被害者に対する謝罪の念や罪の意識はほとんどなく、寧ろ強い非難と恨みの声があがります。喧嘩の理由はさまざまですが、第三者からすると、それほどの理由になることとは思えないものが多いのも特徴の一つです。殺人犯全体に見られる傾向である、執着心、粘着気質が、このタイプには特に強いように思われます。

集団暴行により被害者を殺害した場合、主犯として他の者をリードした者と、その他大勢の共犯者では、性向が大きく異なります。主犯に該当する者は、前出の殺人を企図した強盗殺人犯・喧嘩による殺人を犯した者と類似性があります。

一方、共犯者は事件の際に自分も加わらなければならなかった消極的な者、積極的に参加した者がいて、その性格と言動は違います。

集団で犯行に走る者は、社交的な性格の者が多く、接していても殺人犯という匂いはあまりしません。行為については、自責の念が薄く、他の仲間のせいにしたり、己の罪や被害者について考えていないことが普通です。

彼らの不満の中心は、同じ共犯者の中で量刑に軽重の差があることです。何故、自分より積極的に被害者に暴行した者の量刑が軽いのか、致命傷を与えた者の量刑が軽いのか、という点について拘泥します。

「共犯者は物で暴行を加え、自分は素手で何回かなのに、どうして同じ量刑なのか」

「弁護人が怠けたからだ」

などと語る場面がよく見られます。当然、罪の意識はなく、反省も悔悟もありません。

一般的に、共犯者のいる事犯では、他者に罪責や動機を転嫁する為に、犯罪について反省したり、被害者に対して悔恨の情を持つことはないと言っても過言ではないくらいです。

殺人罪で服役している受刑者の反省や悔悟の念については後述しますが、ＬＢ級施設である当所では、極めて薄いと言えます。

暴力団同士の殺人

最後に例示するのは、殺害することを前提とした抗争事件等で、被害者の生命を奪った暴力団員です。

彼らは確信犯ですが、独特の信条・価値観を持っています。それは、生命を奪うということについて、「同じ暴力団員同士ならば悪ではない」と考えていることです。

彼らは、親分から親子の契りを交わす盃を受けた時より、状況によっては同業者との生命のやり取りを覚悟しなければなりません。堕落した生活により、それを忘れてしまっている者も多数、見られますが、一朝、事が起これば生死を問うことなく、使命を全うするのが共通のルール（掟）です。有事の際には、命をとられる方が悪い。また、逆に自分が命をとられても何ら文句はないという倫理の対称性が明確に窺えるのも特徴です。被害者に個人的な恨みが有ろうと無かろうと、また相手が交友のある者であろうと、命をとる時はとり合います。

彼らが、被害者を殺害するのは、自らの志願、上からの指示、組織内の空気を嗅ぎ取って等いろいろですが、実行し、服役する者は表面上、一種の勲章を下げるような評価を受けます。表面上と言ったのは、昔と異なり斯界にも唯物論に塗《まみ》れた経済至上主義の波が訪れ、刑務所にて長年服役することが経済上、又は出世する上では不利な状態となったからです。

加えて、一〇年程前までは、拳銃を使用し、一人を射殺しても、大体、懲役一五年前後の量刑でしたが、近時では暴対法・銃刀法の改正により、初犯であっても拳銃で射殺したならば無期懲役刑が科されたり、有期刑の上限である三〇年近くの懲役刑が科されるようになりました。

無期懲役の暴力団員の場合、仮釈放で再び社会へ出る為には、『脱会届』という書類を施設に提出し、暴力団員を辞めなければなりません。有期刑の暴力団員には、仮釈放欲しさで、虚偽の『脱会届』を提出し、施設内では暴力団員として名乗り、出所後も暴力団員として活動しているものもいますが、無期囚ですと本当に暴力団員を辞めなければ仮釈放取り消しになります。

また、無期囚は仮釈放で出所しても、生涯、交通違反の罰金刑ですら仮釈放取り消しになります。昨今は、新しい更生保護法の施行もあり、無期囚で仮釈放を受けた者は、住所変更の届出を怠っただけで、『遵守事項違反』として仮釈放を取り消され、刑務所に収監されます。収監されますと、黙って六年から一〇年近くは務めることになりますし、他に窃盗等の刑があれば、一年くらいの刑でも七、八年から、場合によっては一〇年以上も務めることになります。

そのような訳ですから、暴力団員にとって、拳銃を使用し、敵対する相手を殺すことは、これまで以上の覚悟が必要なのです。

志願する暴力団員には、絶えず自分が先頭でなければいけないと己に課している者、自らの親分に対しての忠誠心により行動する者とさまざまですが、このタイプの暴力団員は大概の場合、意志堅固にして、人柄にも男らしさや潔さが窺えます。親しく話をする機会があると、彼らも胸奥では社会にいる同僚や部下達（兄弟分や舎弟・若い衆と呼称しています）が、自分の不在中に自分を追い越して伸びていくことに、複雑な思いを懐《いだ》いていることが分かります。

また、斯界に於いても一般企業並みにM&Aが隆盛ですので、果たして自分が将来、社会復帰した時に組織は存続しているのか、或は合併等で吸収され、冷や飯組に入れられないか等と懸念している者も少なくありません。

私も一緒の工場で就業していた暴力団員が、出所後、総長・会長に出世し、業界人御用達の雑誌に華々しく載っているのを見たり、逆に出所直前に、所属する組が吸収され、自分の親分は引退し、相手の組が主流を占めたという悲劇を知らされたりしました。他人事ながら、大変な世界だと思います。

彼らの暴力団員としての信条は、命が惜しければ堅気になればいい、仮に自分が殺されるようなことになっても、それは自分の不注意であり、運命だから致し方ない、というものです。勿論、服役している暴力団員全てが、このような信条を持っている訳ではありません。当所でも、弱者に対して圧力をかけたり、卑劣な手段にて自己の利益を図る者、徒党を組んで堅気を苛めたり、物や食物を脅し取る、幾つになっても『チンピラ』『社会のダニ』みたいな暴力団員が七割、八割を占めています。

中には、十数年の服役を終え出獄後、再び事が起これば、長い懲役刑を務めるのも辞さないという者もいますが、大半の者は、長い務めはこれで終わりと苦笑していました。

余談になりますが、当所で十数年から二〇年近く、粗食（当所では誰もが驚く低カロリー食を給与しています）と、規則正しい生活で健康を取り戻して出所していった暴力団員が、服役の長い空白を取り戻そうと従前通りの暴飲暴食と睡眠時間も削って（「科学的な力」も借りて？）遊び歩いた結果、出所後一年足らずで病死するケースが散見されます。

急激な環境の変化と、自分は元気なんだという必要以上の過信から来るものなのか、在所中に元気が余っている高齢者ほど危険なようです。

工場内でピンからキリまでの暴力団員を見ていますが、組織の為の抗争事件で務めている者の多くは、反社会的集団にいることを除けば、対人スキルや他者に対する配慮など、施設で最も正常な人たちです。中には、何で暴力団員なんかやっているのだ、というような人柄の良い者もいるのです。仮に皆さんが、社会でこのタイプの者達と接したとしても、チンピラ特有の薄っぺらな威圧感や虚勢は感じないと思われます。

どのような人格者であっても、社会的には非難される集団にいますから、屈託なく話せる関係になった相手何人かに、この際だから足を洗って起業をし、真っ当に生きればと話してみたのですが、どの人も、既に投入したサンクコストのせいか、今さら、とか、この世界で頑張る、と唇を緩めていました。

前述したように、彼らには殺人の罪の意識はありません。被害者に対しては、他の殺人犯の受刑者達と異なり、同じ世界に生きていた者として、そして今回は自分の方が生き残ったが、場合によっては逆でもおかしくなかったという思いから、冥福を祈っているという者がほとんどです。組織の為に抗争相手を射殺してきた者は、工場に於いても同業者、堅気から崇敬の念で遇され、悠然と務めています。

気が小さくても人殺しになりうる

服役が始まった時は、刑務所の殺人犯達にはどのような悪魔や鬼がいるのだろうかと妄想を膨らませていましたが、いざ生活してみますと、平時は普通の人とそれほど変わらずに見える（表面上は）者が主でした。話をしてみましても、個性が過剰に強く話が成立しないという者は、ごく僅かでした。

しかし、よくよく考えてみると、当所は悪の道に関しては百戦錬磨の猛者が蝟集《いしゅう》する梁山泊か伏魔殿のような所なので、社会の一般人から恐れられていたとしても、余程でない限りは、その他大勢の中の一人になってしまいます。

約一〇年程前から、全国の受刑者が急増した為に、当所の普通工場にも短期刑受刑者（刑期八年未満の者です）が入ってくるようになりました。服役歴が四、五回を超え、一見すると強面《こわもて》の恐喝犯・脅迫犯・暴力行為や傷害事件等の粗暴犯が、短期刑務所では一目も二目も置かれる懲役五年、六年の刑で来ますが、LB級施設では「ションベン刑だな」「はい」という感じで小さくなり、使い走りや若手の暴力団員のオモチャのように扱われています。短期刑受刑者を見ていると、こんなおじさんのどこが怖いのだろうかと、私達長期刑受刑者は怪訝な表情になり、「お前、間違いなく恐喝だよな」と本人に念を押すことも度々ありました。悪党にも序列があるせいか、世間からは恐怖の対象とされた者も、当所では道化者に変貌せざるを得ないようです。

彼ら短期刑受刑者達にとって、殺人犯等の長期刑受刑者は、得体の知れない不気味な存在と映っていたと言います。気心が知れても、利害が関係したり、自己中心的な面が強く出ますと、瞬時に猫から虎に豹変する殺人犯には、どうしても引き気味に接しているという状態でしょうか。

私が面白いなと感じたことの一つに、「我を以って尊しとなす」というような面々が共に暮らしているわりには、トラブルが少ないということがあります。よく観察しますと、皆が似たように我が強い為に、極端に突出していない限りは、目立たないようになっています。どうあれ、世間から強面と称された者が、工場・居室で殺人犯達に追従笑いを浮かべて指図されている様子は、どことなくユーモラスです。

また、大それた犯罪を行なう者達ですから、きっと負のエネルギーが強いのだろうと想像していましたが、そのようなことはなく、生命エネルギー、意志の力、共に薄弱な者が大半でした。犯行時は、ほんの刹那、激情にかられ、或は自己防衛の本能が過剰に作用し、途中で我に返った時には、既に犯行を止められず、はっきりと殺意を感じながら実行することになったのです。

よく耳にするレトリックでは、誰でもが激情のさなかでは犯罪者になり得る、犯罪者とは紙一重というのがありますが、普通の人は最後の瞬間に自分を抑えられることにより、社会で生活しています。しかし受刑者達は、もともと倫理観・道徳心・他者への共感力が欠如している者ばかりですので、一つのきっかけさえあれば、普段は大人しい、気の小さい者でも人を殺すのだと知りました。

彼ら殺人犯には、罪の意識や悔恨の情は乏しく、尊い他者の生命を奪った重荷を背負った者、心に闇やどろどろしたものを抱えて生きている、という小説やドラマに出てくるようなことは全くありません。どろどろどころか、カラッと乾燥した砂のようにサラサラし、風に流されるままと言うのが相応しい気がします。

パラドキシカルですが、己の利得・エゴの為に他者の生命を奪ったことに対し、何ら痛痒《つうよう》も覚えず、時に被害者を恨み、未来にヴィジョンを持たず、怠惰に暮らす者達だからこそ、本人も自覚し得ない心の闇を抱いているのかもしれません。

倫理も道徳もない連中

殺人犯達の多くは、倫理観・道徳というものは持っていません。

例えば、人を殺すことは悪か？と訊けば九九パーセントの者が悪である、と答えるでしょう。

しかし、自身が他者を殺《あや》めた事実については、事情が変わります。殺すことは悪である、だが、自分の犯行には理由があり、加えて被害者に非があると平然と言う者が半数以上です。強盗に入った者は口を揃えて、その場に居合わせた被害者に運がなく、素直に金品を渡すことなく、大声で叫んだり、抵抗したり、命令口調で制止したことが悪いと非難します。これが平均的な弁解です。

そもそも窃盗、又は強盗で侵入した己の非はどうしたと訊きますと、その時、自分は、困っていた等と躊躇《ちゅうちょ》なく言います。初めの頃は唖然としていましたが、多くの同囚と話しているうちに、服役を繰り返し獄の中と社会のどちらが本当の居場所なのか理解に苦しむ輩の価値観・思考とはどういうものなのかを知りました。

再犯を繰り返す者にとって、窃盗自体は犯罪に該当しません。社会で生活するうえでの基本動作（仕事）です。何度も服役している者達にとって、窃盗は息を吸って吐くのと同じくらいに、心身に馴染んだ行為になっているのです。命を奪う訳ではないし、大したことではない、という幻想が強固に成立しています。

「有る所から取って何が悪いの？」

「取られたからって死ぬ訳じゃあるまいし」

「すぐに飯が喰えなくなるってことでもないでしょう」

「管理の仕方が悪いから。これで気を付けるでしょう」

罪悪感は皆無であり、有る所から盗むことに天から贖宥状《しょくゆうじょう》か認可でも授かっているような口吻です。

経済的損失は、盗られた当人にとっては大きな心理的負担になり、その後の生活が困窮することもよくあります。また、住宅に泥棒に入られたケースでは、外出から帰る度に、中に泥棒がいるのではないか、或は家の中にいても、外で物音がする度に、誰かが侵入しようとしているのではないかと気になり、深いトラウマになることを知りました。

そのような罪深い窃盗ですが、当所の住人達には遊びに近い感覚です。この感覚は、施設に入所を繰り返し、他の犯罪者達と起居を共にし、話をしている間に、自然と同化されたものです。そんなに簡単に同化するのかと疑念を持たれるかもしれませんが、二四時間共同生活をしていると、しっかりした個を持っていない者は、その集団の価値観や考え方に本人が意識せずとも染まっていくのです。このような施設内での生活では、集団の持つモラルや嗜好に己を合わせていかなければ、自分に強い信念や心身の強さの裏付け、施設内でも通用する社会での立場等を持っている者以外は、浮いてしまったり、排除や苛めの対象になることもあります。

それに加え、犯罪者達の世間話は、同じ犯罪者にとって興味を湧かせたり、楽しげな話題に感じられる為に、自らも積極的に同化していくのが自然です。私もこの過程を当所に来てから沢山見てきました。

わかり易いケースでは、薬物事犯で初めて服役した者の変遷がありました。彼は刑務所では稀少とも言われる大卒の普通の会社員でしたから、刑務所は相当に厳しく怖い所、暗く沈んだ所で鬼のような刑務官に一日中、威圧的に管理される地獄みたいな場所だと考えて来ました。しかも、天のイタズラか、初犯であるのに悪党の中の悪党が収容されているLB級施設に移送され、生きて無事に社会復帰できるのか、工場に配役されるまでの間、昼夜を問わず真剣に悩んだと言います。偶然、作業台は私の隣でしたから、あれこれと検事調べ（相手に質問を浴びせることです）をしましたが、緊張と恐怖の為に、三日くらいは背筋を伸ばし、返事の仕方にも緊迫感が溢れていたものです。

最初の頃は、同囚の経験談や当所での常識（？）やルールについて、驚きの連続だったようですが、共同室に入り数ヵ月もしますと、「何だか真面目にちまちま働いて、すぐに消えるような給料を貰う人生は馬鹿馬鹿しいですね」とぼやくようになりました。

訊けば、同じく薬物事犯のヴェテラン受刑者達から、社会復帰後は薬物販売（つまり、売人ということです）を手伝えば、毎月三、四〇万円は保証しようと誘われたり、窃盗グループから、大卒ならまともな会社に潜り込めるだろうということで、会社専門の盗みの手引きにスカウトされているようでした。

彼のように、薬物以外は真面目に働いてきた者にとって、同囚のエピキュリアンのような暮らしは別の世界に見え、その収入（リスクは説明されないのです）と共に魅力的に映ったのでしょう。初めの頃は、皆さん、しっかり犯罪者なんですねえ……と考えられないという口振りで話していましたが、半年、一年と経つ間に、言葉の使い方、価値観が同囚に近いものとなり、反省や改心・更生について話す頻度が減り、再犯受刑者と同化する傾向を示しました。本人は、悪の道を歩こうとは毫《ごう》も考えていなかったのですが、無意識のうちに強い影響を受けてしまったのです。

彼だけが、こうなった訳ではなく、共に暮らす間に変わる者は沢山います。犯罪者達が集まる所には独特の価値観があり、考え方、慣習があります。それらはミーム（文化的遺伝子）のようなもので、時間の経過と共に新しいメンバーに継承されていくのですが、堅固な個や信条を持てる者は、感化されることはありません。但し、そのような者自体が稀有な存在と言えます。このような集団に交じわれば、犯罪が犯罪でないかのような錯覚に陥ります。

現代人の中にいて、他人の首を狩ったり人肉を食べたりすることは異常ですが、首狩り族や食人種の間ではそれが普通のことで、異常と言われても何が悪いのかわかりようがないのと似ています。周りの皆がすること、話すことだから、抵抗もなく、集団での思考や感覚を受容し、それを規範として行動するのです。

他者への共感意識が希薄

窃盗と強盗殺人との関係をもう少し見てみると、まず、彼らにとって窃盗自体は犯罪には入らない為に、侵入した時点では罪悪感はありません。

ところが、予想に反して誰か（被害者）がいたり、外から戻って来るとします。ここでパニックになりますが、捕まって刑務所に入りたくない為に、自己の防衛を試みます。逃げればいいのですが、自分、又は自分達が優位である場合、或は顔を見られたり、被害者と接触状態になった等の場合、逮捕・服役を免れる為に、殺害してしまいます。本人にすれば、強盗する気も、人を殺害する気もなかったのにも拘わらず、最悪の結果

(但し、本人の感覚では、自身が捕まることが最悪の結果であり、被害者の死は最悪ではありません)となった為に、罪の意識はないのです。

強盗という犯罪自体にも、罪悪感はなく、逆に被害者が抵抗してきたせいで強盗となったことに強い憤りを感じるようになっています。

受刑者のほとんどは、自己の非を認めるということに過剰とも言える抵抗を持ち、日常の中でも素直に過ちを認めることはありません。常に自分にとって都合の良い合理化と、他罰意識を働かせています。

合理化の例としては、被害者がいた、向かってきた、抵抗した、最初は殺す気はなかったのに被害者の言動により殺してしまった、獄に長くいることになり自分の方が被害者だ、被害者に対して怒りと憎しみを持つ、被害者を罵り、自分の行為については評価しない……ということになります。

他の事犯による殺人犯達も構造は全く同じです。

殺すという行為自体は悪いと認識していますから、テレビ・ラジオ・新聞・雑誌等で殺人事件の報道があれば、内容によっては自分達を棚に上げて激しく批判し、こんな奴は死刑だ！と叫びます。その反面、自分の殺人には、自分に非がないだけの理由をどこかから見付けてきますが、勿論、正常な人からすれば、とても首肯《しゅこう》できない理由です。

少し、身近な例で言いますと、他人に迷惑をかけることは悪いことだと言っていますが、自分では平気で他人に迷惑をかけ、その事実を認めません。強盗・窃盗を企図することについても、自分は金が必要だった、向こう（被害者）は持っているのだから出したっていいじゃないか、という思考です。

では、その金はなぜ必要なのかというと、借金返済、遊興費（薬物、ギャンブル代、飲食、女等）などの為です。堅いと信じたレースが外れた、ちょっと計算が狂った、といった些細なことが充分に窃盗の理由になるのです。

また、決定的に欠如しているのが、他者への共感力です。この為に、被害者のことを思うことができず、罪責感や悔悟の念が生まれてきません。

共感力が全くないんだなと感じる殺人犯の多くは、金や欲の為に殺人を犯した強盗殺人罪、強姦殺人罪の受刑者達ですが、彼らは日常の暮らしに於いても同囚を思いやったり、作業が大変そうな際に手助けする様子は見られません。自分のことしか考えられず、自身がその集団の中で生活し易くする為に行動することはあっても、純粋に誰かの為にという利他的行動はありません。共感力だけを見ますと、喧嘩や組織の抗争事件の為に殺人を犯した者の中に、他者を慮《おもんぱか》り、親切な者の比率が高いようです。そのような受刑者は、常に他の受刑者に迷惑をかけないことを一義として生活し、工場内での己の優越的な立場をエゴの為に行使しません。

工場や居室では、受刑者同士が自分の犯行について話す時がありますが、全く反省の情もなく、被害者の悲惨な状況を、自分の暴力性を誇示したいのか、楽しげに語る者がいて、周りも遊びの話でも聞くような雰囲気で聞いています。或る日、同囚達が殺された被害者に対して、「そういう運命だったんだ、そいつは」と嘲笑うかのように言った時には、鬼畜という言葉が私の胸に去来しました。

何度も施設に入り、犯罪者の世界で長い間暮らしている受刑者を見ますと、環境と、付き合う人間の重要さを痛感します。もし、その人が自分の信条・価値観を持っていなければ、施設での生活を過ごす間に、犯罪者としての処世術や犯罪手法を身につけるのは、易きに流れる人間には避けられないのかもしれません。

逆に、改心すること、更生することを期すのも、そういった同囚達の姿を見たのが契機となることもあります。年老いた同囚を見ながら、その人生の先に待つものを考えた時に、不意に愕然となり、犯罪者の生活から脱しようと気が付いた者もいました。

「あれじゃ、娑婆にいたとしても野垂れ死にだよ……」

そう呟いた者は、何かの拍子に、老囚と未来の自分が重なったのかもしれません。

平時は自分の人生について何も考えていない受刑者達ですが、老後のことについて訊かれた際には、ほんの一瞬、深刻な表情を見せます。しかし、それをすぐに忘れよう、考えないようにしよう、というのが普遍的傾向です。

刑務所では、同囚が真面目になろう、反省しよう、更生するんだ、という意志を持つことに対して、自分達の世界から抜けるのかという見方をするのが一般的です。今から真面目になってどうするんだ、いやなれっこないさ、という言葉と共に非難と嘲笑の入り混じった視線を向けます。同囚がまともな生活を志向することについて、内心では嫉妬の心理も働きます。そのような空気に支配されていますから、刑務所では、どうしても倫理観等を考えるようにはなりません。

第二章　「悪党の楽園」と化した刑務所

イメージと大きく違った現実

時々、テレビでは塀の中の様子を撮った番組が放映されます。私も社会にいた頃に見たことがありますし、人に頼まれ刑務所に面会に行ったこともありました。

テレビでは工場での作業・日々の暮らし・運動会・他の行事等を映し、塀の中での不自由さや受刑者の反省、釈放日近くの喜びと出所後の生活に対する期待と不安について語る姿を映し出していました。

それを見て、私は受刑者に対し、悪い事をしたといえども、どこかに同情の念を抱いていたものです。面会に行った際も、プレキシガラスに隔てられた坊主頭の相手と話しながら、冬の寒さに震えていることを知り、大変なんだなと思いながら帰途に就きました。灰色のひんやりしたコンクリート、独特の臭気、明るさの足りない照明、かなりくたびれた灰色の作業服（現在は薄い緑色の作業服です）等、陰鬱な鈍色《にびいろ》の空をイメージさせるものばかりでした。それ故に、刑務所での生活は閉塞感に押し潰されるようなものだと考えていたのです。当時の『監獄法』という法律の名を耳にしても、重苦しい気分にさせられます。

私は裁判では死刑を希求していたこともあり、あと数ヵ月で結審する時期に、どうやら求刑は無期懲役になりそうです、と弁護人の先生達に言われ、えっ！という思いでした。嬉しいのではなく、がっかりという意味での、えっ！です。初めから、殺すことは悪い、従って事実関係だけはっきりさせてくれたら死刑でもいい、いや寧ろ、塀の中で目標なき人生を過ごすくらいなら、さっさと人生を終わりたいという、自分勝手な思いからでした。その他に、死ぬということについて、小学生時代に特異な経験があったことから、聊《いささ》かも厭わず、自分なりの死生観がありました。

刑務所が具体的な生活をする場所として認識されると、何十年という歳月は、私にとって未来永劫とも感じられました。

裁判中に留め置かれていた拘置所の職員は常に親切で温かく、塀の中ということを感じさせないほどでしたが、刑務所は、いきなり職員も厳しく威圧的になり、息をすることと、夢を見ることとくらいしか自由がないですよと、私達被告人の世話をする為に務めていた衛生夫（エリート受刑者です）が話していたことを思い出していました。彼ら衛生夫は、職員に対していつも最敬礼でしたし、絶対服従、おまけに歩き方も動作もロボットのように統制が取れ、刑務所というシステムは、人間を非人格化する所だと思っていたものです。

服役が始まってすぐに、何か違うぞと感じたのは、ここの刑務所の職員が親切であり、その言動も穏やかだったことです。先輩受刑者の話では、これが当所の伝統ということでしたが、受刑者も伸び伸びと暮らし、陰鬱な監獄というイメージは吹き飛んでしまいました。当時は、細かい規則も守られ、職員に対しても一定の節度と礼儀があり、その点では刑務所らしさがありました。しかし、決して陰鬱ではなく、閉塞感というものは感じませんでした。

入所当時の私が苦痛に感じたのは、手紙や面会の回数の少なさと読める本の冊数の少なさ、そして当所の場合、質量共に極端に他施設より劣る食事くらいでした。

累進処遇制度により、最下級の四級は、手紙も面会も月に一回ずつ、三級になっても月に二回ずつ、二級になってやっと週に一回ずつです。無期囚の場合、進級するのに最も長くかかり、三級になるまでに無事故期間三年、二級になるには更に三年九ヵ月、事故があれば大幅に遅れます。

また、社会にいる頃、毎月一〇〇冊から二〇〇冊、他に週刊誌が毎週二〇誌前後、月刊誌が八〇誌から一〇〇誌前後を読んでいたビブリオマニアの私にとって、一年間に最高でも自分の本は九六冊しか読めず、購入できる本も三冊だけ（雑誌は一ヵ月分を一冊とします）というのは、あまりにも少ない数でした。

受刑者に関しては、テレビで見たのとは違って、その反省のなさ、屈託のなさに呆っ気に取られました。見るからに殺人者という者は稀ですが、しゃあしゃあとしていて、反省もなく、出所後はまた犯罪で生活するという者が多く、私にとって反面教師となりました。矯正するようなプログラムやシステムもなく、野放しという表現がぴったりです。LB級施設だから今さら反省とか矯正なんて職員も考えていないよ、と受刑者達は言いますが、この現状を見れば職員も力が入らないのは致し方ありません。

当時は、テレビこそ毎日見る時間がありましたが、休日の映画（ヴィデオ）は、月に三回程度でした。職員の指導に対しても、反抗したり、揚げ足を取ろうと狙っている受刑者は僅かであり、そのような者は同囚からも非難の対象になっていました。

新法の施行で待遇が一変

全国の受刑者の数は、平成一三（二〇〇一）年頃までは、大体五万人前後で推移していましたが、その後急増し、刑務所の過剰収容が問題になりました。当所も通常の六、七人用の居室にベッドを二台入れ、九人用の居室に変えられ、短期刑受刑者が長期刑受刑者の工場に配役され、居室も一緒ということになりました。一時は単独室（以前は独居房と呼びました）に二人を収容しようという話もありました（施設によっては実施した所もあります）が、用便の時はどうするというブーイングがあり、何とか事無きを得ました（平成二一年一一月現在で収容率一一三パーセントですが、僅かずつ緩和されてきています）。

丁度、その前後に、他施設に於いて、職員による受刑者への暴行事件があり、かつてない勢いで受刑者の人権問題がクローズアップされました。

全国各地から移送されてくる悪党達の情報によれば、当所のように親切な職員というのは珍しく、昔通りの威圧的な職員がいる施設も多いようです。

その頃から職員に対して、受刑者との接し方についての再三の注意が通達され、平成一八（二〇〇六）年、平成一九（二〇〇七）年と従来の『監獄法』が一〇〇年振りの大改正で『刑事収容施設及び被収容者等の処遇に関する法律』となりました。

累進処遇の替わりに、『優遇措置』という制度が制定され、受刑者は行刑成績（服役成績のことです）により、最高は一類から、最低の五類までに区分され、その類によって手紙・面会・集会参加資格（映画を見て菓子を食べられます）等が決められるようになっています。

大きく変わったのは、手紙・面会が従来は親族や引受人、出所後の更生に有益と認められる人（主に雇用主等です）以外、許可されていなかったのが、原則として誰でも自由となったことです（そのお陰で私もこのような著書を出せるようになりました）。自由と言っても、あくまで矯正施設ですから、暴力団関係者等、更生上、好ましくない人との面会・手紙の発受信は認められません。

私にとって大きな変化は、自分の本（私本と言います）の差し入れの冊数制限がなくなり、読みたいだけ手に入るようになったことです。合わせて、所内で申し込める購入の冊数も増え、久し振りに読書三昧の暮らしを実現でき、その恩沢に与《あずか》りました。刑務所の限られた余暇時間でも私本と官本《かんぽん》（刑務所で貸与する本です）を合わせて、月に一〇〇冊は読めるようになり、私にとって改正は僥幸《ぎょうこう》となりました。

それと同時に受刑者の意識が大きく変わり、細かい規則を無視したり、指導する職員に対して、「その指示の法律的根拠は何か」などと言いがかりをつけたり、反抗的態度を取る者が増えてきたのです。職員も受刑者の扱い方に対する細かい指示や通達があり、なかなか果断な措置を取れず、歯痒そうな面も見えてきます。

新しい法律では、受刑者に対する矯正教育も義務付けられ（第一〇三条により、犯罪の責任を自覚させ、改善更生の為に必要な知識・生活態度を習得させる指導を行います）、薬物事犯者、殺人事犯者の一部に教化指導をしていますが、月に一、二回という頻度と、人数がほんの数名程度ということで十分とは言えません。

もともと、職員の数が少な過ぎることも原因の一つだと思います。平成一三、四年頃より受刑者は二万人以上増えていますが、職員の増加は、たったの一〇〇〇人だけですから、通常の業務でも部署によっては残業をしなければ追いつかない状態です。公務員の削減が言われて久しいですが、刑務所の場合、連行や管理を考慮すると、単純に削減ということはできません。

初犯受刑者の中でも特に条件の良い者だけを選択した『社会復帰促進センター』では、受刑者にＩＣタグを付けさせ、独りで所内を歩かせたり、民間警備会社に委託し、職員数を減らしていますが、設備と受刑者の質を鑑みますと、何処の施設でもすぐにできることではありません。

他にも娯楽面では、休日の映画（ヴィデオ）が月に六、七回に増え、受刑者の学習時間を削ることになっています。但し、学習しようとする者はそもそも少数です。休日のヴィデオやテレビ放映の時間を増やすことは、受刑者同士の居室での口論や喧嘩の機会を減らしたり、職員の管理の負担を減らすという意味もありますが、楽しむ時間ばかり増やしていることに私は強い疑問を感じています。そのような時間を減らし、もっと勉強したり、自分の人生や社会での生活について考える時間を与えるべきです。

刑務所は、社会で法を犯した者が務める所です。従って、刑務所での好き勝手な生活や規則を守らない行為に対しては、職員が指導し易い法律の整備が必要だと思います。

受刑者が職員と規律を無視し、自由奔放に生活する場合、必ずといっていいほど、真面目にやっている少数の者、弱者等に負担や迷惑がかかっています。その為にも、規律を守らせ、節度ある生活をさせなければなりません。

職員の中には少数ですが、昨今の受刑者の反抗的態度に及び腰になり、注意指導を極力しないで済まそうと、単なる受刑者の御用聞きになっている人もいます。これはその人自身だけの問題ではなく、現在の矯正行政の問題を孕んでいると思います。『規則に厳しく、処遇に優しく』という言葉がありますが、何ら反省も改悛の情もない者には徹底して厳しくして、生活が苦であるように、そして真剣に更生を考えている者には、役に立てるような施設での処遇を望みます。

人権派が見落としていること

社会では、人権派と称される人達が、刑務所での生活を少しでも暮らし易くしようと運動していますが、安逸を貪り、自分の所業について何も考えることなく楽しく時を過ごさせることが、受刑者にとって良いはずがありません。欧米のように、社会から隔離されている以外は可能な限り社会の生活と同じにするという『ノーマライゼーション』の考え方は理解できますが、それが規律を緩和し、好き勝手に務めることには繋がらない筈です。暑さ・寒さ・食事等、人間の肉体に影響を及ぼすことについては暮らし易くすることを望みますが、規律を必要以上に緩和し、受刑者が好き放題に務めることは望ましいことではありません。

受刑者の人権を考えてくれる人達には感謝します。しかし、この人達は受刑者という種族が、いかに自分の利益しか考えていないか、楽をする為に狡猾《こうかつ》に振る舞うか、物事を都合良く解釈するか、理解していません。人間愛溢れる善意と努力でしてくれたことが、指導に対する受刑者たちの無視・反抗を生み、逆に反省・更生の大きな障害となっているのです。善かれと思ってしたことが、心ない受刑者によって悪用され、悔い改めないまま「犯罪指数」を上げて社会へ戻っていく受刑者を増やしているのです。「今の刑務所は楽で苦にならない」。こんな言葉と笑いを残して出所し、再び社会秩序を乱し、悲惨な被害者を生み出した連中がたくさんいます。

社会で人権を標榜している人達が、受刑者の人権について考える時、現実に彼らがどのような思考と傾向を持って生活しているのか、もっと深く知る必要があります（そのような意味もあり、これを綴っています）。

懲役という以上、再び刑務所には入りたくないと感じさせなければ意味がありません。憲法二五条が保障する生存権には、受刑者が施設に於いて肉体的に過重な負担を強いられないことは含まれていても、必要以上の安楽な生活は含まれていない筈です。

着眼点を変えるならば、服役は自らの人生を変える好機とも言えます。衣・食・住の心配を一切することなく、何年・何十年もの間、自らが決めたことに没頭できるのです。

入所してくる受刑者の大部分は、自分の金を持っていませんが、それでも生活には困りませんし、作業報奨金の範囲で、月に一、二冊程度の本も購入できます。共同室にいるならば、同囚の購入や差し入れの本もあり、不自由しません（それが目当てという者が大半です）し、単独室ならば、誰に邪魔をされることもなく、目的に集中できます。

平日は食後の午後五時前後から就寝の午後九時まで、休日は午前八時四〇分くらいから就寝の午後九時まで、自由です。共同室では、雑談・映画のヴィデオと騒々しいですが、単独室ならテレビのスイッチを切ることもできます。社会のように勉強する資料に恵まれることはないとしても、本人のやる気で可能なことはいくらでもあります。

共同室にいた頃も、私は自分の目的に集中してきましたが、机に向かい、読書又は勉強している分には、社会の生活と変わらないと、ある時ふと気付きました。私が徹すれば、周囲もそれを認め邪魔しませんし、逆に何かを勉強しようという者も出てきます。もちろん、メンバーに恵まれた時には、殺人について、反省や償いとは、今後正しく生きるとはどういうことか、皆で唸りつつ、考える日々もありました。

やがて私は熱望して単独室に移り、今日に至りましたが、他者に流されずに決めたことに集中するには良い環境です。精神を内観し、己に欠けているものについて考察し、肉体を鍛えるという暮らしは、ある意味で豊かと言えるかもしれません。

刑務所では、この内的生活をするかどうかで大きく変わります。このことに気付いた時に、私は何か目の前が開けるような思いに包まれました。外面だけを鑑みれば、用便も見られ、プライバシーもなく、人としての尊厳は奪われていますが、内的生活さえできれば悪い環境ではありません。

ただ、受刑者は、内的生活の観念がない者ばかりであり、周囲に流されているうちに歳月が流れます。

近年は、社会で雇用不安の問題が叫ばれ、仕事と同時に住む所を失った人達が、半ば自棄《やけ》気味に刑務所でも入ろうか、と言っているのを雑誌等で頻繁に目にします。ホームレスと称する人達の食生活も書かれていますが、全国から送られてくるワル達が口を揃えて「日本一悪い」と呼ぶ当所の食事の方がまだ少しましでしょうか。刑務所の食事というのは、季節の旬の物はきっちりと出ますし、受刑者の大多数の社会に於ける食生活より水準は高い筈です。

食べる物にも困っているホームレスの人が、犯罪に走らず、空腹と失意のうちに生きていることを知る度に、自律心に感心しますが、最後の一線を越えないということが大事だと思います。荀子《じゅんし》の言葉に、『麻の中の蓬』の教えがありますが、良い集団に属していれば、良き考えが備わり、行動も良くなる可能性があります。しかし、獄では、そういうことは期待できません。どんなに苦しくても、刑務所へ入ろうとは考えてはならないと思います。

既に服役している我々は、この時間を有効に使い、猛省し、己を改め、残りの人生に備えなくてはなりません。刑務所という施設は、本人が心から実行しようとさえすれば、新たな人生の扉を開く機会を与えてくれるのです。それを具現化するのは、ただただ自分自身だということに、一人でも多くの同囚が気付けばいいなと思いますが、なかなか厳しいようです。

受刑者の人権について考量する際は、自身の罪を反省し、被害者・遺族等の関係者への謝罪、そして将来の更生に有益な施策とは何かということに留意して欲しいものです。笑い声が響く楽しいだけの刑務所は、受刑者の将来にプラスにはなりません。

「経済」の観念が欠けている

殺人犯をはじめとする、再犯受刑者達の教化改善は至難の業です。

ＬＢ級施設では、職員の数が少ないこと・教化改善の教育時間が十分に取れないこと・矯正する為に適したプログラムがないこと等により、効果の期待できる教化は行われていません。社会と刑務所を往復し、どちらが本当の居場所なのかわからない者が多いですから、単に犯罪は悪いことだと教えても、社会での生活は成り立ちません。社会での生活が成り立たない大きな理由は、経済という観念があまりにも欠如していることです。差し迫る経済的危機がなければ何事もなく暮らしていますが、経済的に行き詰まった時には、何ら葛藤なく犯罪に走るのが再犯受刑者達の特徴です。

それ故に、更生を期するには、次に掲げることについて、教化が不可欠と言えます。

（一）　正業に就いて働く意志を持つこと
（二）　職に就き、怠けることなく続ける習慣を養うこと
（三）　定収入を得た後、その範囲内で生活する計画性を持つこと
（四）　社会で通用する職業訓練
（五）　本人の適性に合った職種の助言
（六）　住居を定める

これらは全て、一般的な社会人には備わっていると思われますが（そうでない人も昨今はいるらしいですが）、多くの受刑者には意識も関心もないことばかりです。日常生活から経済的問題が解消されたならば、犯罪件数は確実に減少します。

しかし現実問題として、これまでの人生を通して正業に就いたことのある者は稀であり、このこと自体が大変な難問となります。

何故、彼らは正業に就かないのでしょうか。

前科が就職の妨げとなっていると考える人もいるでしょうが、彼らが本心から職を得ようとするならば、前科は告げずに応募なり面接をしますし、肉体労働のきつさや低賃金を厭わなければ、就職できる業種はあると思います。

仕事内容がハード、給料が安い等と、自分の能力を考慮せず、条件の良い面ばかりを求める為に、自分に合った職がない、と錯誤に陥るのです。客観視するならば、当人の能力や境遇に相応しい職なのですが、彼らは己の実力・能力について正しい判断ができません。その為に、「職がない」「自分に合わない」などと言うのです。

次に、仮に就職したとしても、それが続くのかという問題がありますが、受刑者は基本的に怠惰です。

刑務所では、懲役刑ですから、法律で強制的に働かなければならないことが定められています。受刑者の一部には、それだけ社会で働いていたら、このような所に来ることはなかったのに、というくらい熱心に働く者も見られますが、働く振りをしたり、作業内容・工場によっては働くことをしばしば忘れる（？）者も増えてきました。職員の目が届かなければ、何もしないということは珍しくありません。真面目に働きたくないので刑務所に来るんだ、と当然のように言う者で溢れています。

さらに、何とか辞めることなく働いたとして、支給された給与内で生活できない者が大半という現実が待っています。一般に受刑者は、計画するという観念に乏しく、計画したとしても、それを守る意志の強さに欠ける者が大半です。月給制であれば、次の給与までは一ヵ月ある訳ですが、半月も持たぬことは必至です。その時の目前の欲望を満たす為に、無計画に金を費消するからです。

長い間の環境と習慣により、これだけのことが、余程の努力をしなければ不可能となっています。こうなりますと、「真面目にやろう、更生しよう」「また、刑務所だよ」等という言葉には何ら反応はありません。

受刑者にとって犯罪は「効率」がいい

他にも、彼らが正業に関心を示さない理由があります。「効率」です。つまり、犯罪による時間当たりの収入が、普通に働く同年代の人より高額だということが挙げられます。受刑者や犯罪の種類によって千差万別ですが、毎日「働く」者は稀ですし、一ヵ月の「労働」時間が一〇〇時間もない者、いや、その半分程度の者が普通です。そのうえ、収入は同年代の平均的なサラリーマンより上となれば、捕まって服役することを聊《いささ》かも苦にしない彼らにとって、正業に就くということは眼中にありません。

以前、私は何人かの同囚に、「逮捕され服役するリスクや服役期間を考えたら、効率がいいとは言えないのでは」と、尋ねたことがありました。

相手の回答は、どれも似たようなものでした。

「逮捕はリスクではありません。それに、服役年数に同年代の平均年収を掛けて自分が稼いだ額が下回ることは滅多にないですから。十分にいい仕事ですし、下回った時は仕方ないですね」

再犯受刑者は少しも珍しいことではなく、服役することは苦にならないのが実情です。

こうなると、倫理だ道徳だ更生だ等という言葉は単なる記号でしかなく、教化改善は不可能なのかと感じます。

犯罪によってコンスタントにそこそこの収入を得ている者を矯正することは、本人にその意志がなければ不可能です。やがて老いる時が来るのだからと話したところで、それ以前にしっかり稼いでおきます、と答えられるのがせいぜいです。

しかし、受刑者の多くが、出所後もコンスタントに高額の収入を得られる訳ではありませんし、年齢と共に、そろそろ普通の暮らしをしたい、服役せずに生活できるならそうしたいという者も存在します。そういう者には更生の可能性が残されていますが、アプローチとしては、受刑者が何よりも敏感に反応する「損か得か」という単純な問いが有効です。服役生活を送る人生に於いて、失っていることがいかに多いかを、平均的な社会人の人生をモデルに考えさせます。

刑務所の生活のように、用便も動物のように監視され、自由にならず、個人のプライバシーはなく、人生について真面目に話し合う者も稀な環境で生活することが、どれだけ有形無形のものを失わせているかを、社会人と比較し、老後まで具体的なシミュレーションをして、刑務所での生活が非人間的であることを考えさせます。

同時に、生涯、刑務所と社会を往復する人生について想像させ、老後の自分はどうなっているのかという問いかけをします。目先のことしか考えたことのない受刑者にとって、将来の老後を想像することは恐怖になっています。そのことに気付いた者ならば、矯正の為の教育が効果を発揮する可能性も高いでしょう。

人生の最期を考えさせる

また、再犯受刑者の思考の中で不思議な点は、これだけ服役を繰り返しているにも拘わらず、最期は社会で迎えられるという幻想を誰もが持っていることです。私に対して「ここから出ないってことは獄死ですよ」と言う彼らは、今のままの生き方でも獄死をしないと本当に考えているのです。彼ら受刑者が忌避する獄死について、じっくり考える機会を作り、今のままならば、運良く刑務所の外で老後を迎えていたとして、どのような最期になるだろうかと、真剣に考えさせることが必要不可欠です。

私がこのように言うのは、多くの同囚達と話してきた中で、彼らが自分の最期の様子や獄死について考えることに、強い嫌悪の念を持っていることが窺えたからでした。

他者の死には呆れるくらいに無関心ですが、自己の死については気にするというのが受刑者に多いパターンです。更生する気がない受刑者に、「最期は獄死か、社会であっても、まともな死に方はないね」と半ば冗談のように話すと、その際に考え込む者がいるのを見て、私は妙に感心することがありました。

また、工場等で、高齢の同囚の将来について話す時は、エピキュリアンの彼らも、我が身について思案する姿がみられます。特に、殺人事件の受刑者は、出所の頃には還暦前後の者が多く、急に現実を意識するようです。

このような話を、週に最低一、二回続け、反応を示した者は、そうでない者と居室を別にできればより良い結果が期待できます。現実から目を逸らす者は、更生しよう、真面目になろうとする者に対し、抵抗を感じ、共に犯罪者としての人生を歩くことを勧めるからです。

この段階までできた受刑者には、社会復帰後の人生について、どのようにしたいのか、できるだけ具体的に考えさせます。合わせて、工場では作業を怠けることなく続ける訓練を重ね、働くことによって次の人生が変わることを強く意識するように指導します。労働を続けることが、賃金を得る以外に自分をどう変えるのか、という想像力を持たせなくてはならないのが受刑者なのです。受刑者は社会にいる間も、犯罪に費やす時間以外は遊んでいることが平常の姿ですから、刑務所に在りても偸安《とうあん》の夢の中に生きてしまうのです。

何と言っても、刑務所で生活すること自体に身心共にすっかり慣れてしまい、それを厭う気持ちがない以上、思考を変えることは困難を極めます。専門の心理カウンセラーや職員が、絶えず社会復帰後の更生モデルについて説き、塀の中へ入らない人生によって、平穏な生活が得られることや、ささやかであっても夢・希望の持てることを啓蒙しなければなりません。

職人の養成にはちょうど良い場所

刑務所では、各施設によって、職業訓練の業種が異なりますが、残念ながらＬＢ級施設内では、社会で通用するレベルの資格を有する職業訓練はありません。

年に数回、他の施設にて行われる職業訓練募集がありますが、Ｌ級（長期刑）の者は対象外のことが多く、仮に応募できたとしても一刑務所から一人、又は二人程度です。職業訓練応募資格は、訓練中に事故もなく、最後まで訓練を継続する為に、素行の良い者、暴力団員ではない者、理解するだけの学力がある者、残刑期が二、三年以上残っている者、内容によっては指が揃っている者、刺青のない者等、いろいろあります。現在の募集は、出所日がわからない無期懲役刑受刑者は、どれも対象外ですが、服役年数と年齢を考慮し、応募できるようにすることも今後の課題です。

初犯者の中でも、特に条件の良い者が服役する社会復帰促進センター（半官半民のPFIによる刑務所です）では、コンピューター関係の技術者養成や盲導犬訓練の他に、成績優秀者は出所後そのまま雇用される可能性のある給食会社の業務もあります。近年は、短期刑務所に於いて職業訓練種目が僅かながら増えていますが、全体の受刑者数からしますと全く足りません。

長期刑務所では、長い時間があるにも拘わらず、受刑者の質が問題なのか、今のところ改善の兆しはないようです。

皆さんも知っているように、刑務所で製作する家具、陶器、皮製品、金属製品、日用雑貨等は、決して品質が劣る訳ではなく、中には法務大臣賞や矯正局長賞を授与される素晴らしい製品もあり、市価よりかなり安く売られています。

受刑者には、服役する度に特定の作業だけを希望する者が珍しくなく、木工、金属、皮工、印刷工等で、熟練の腕を振るいます。中には、指導する技官（工場で作業を教える職員です）を逆に『指導』したり、職人の世界らしく（？）叱りとばす兵《つわもの》もいるのです。

殺人犯の多くは、刑期が十数年以上ですから、物を作ることが好きな者ならば、職人のような仕事を教えるのも一つの方法です。短期刑受刑者と比べ粘着気質の者が多く、自らが望むこと、気に入っていることに対しては、集中力と執着心を発揮します。

社会に於いて、必要とされているが不足している、或は将来の不足が予想される分野の職人を養成するような施設を設け、希望と適性のある者は、職員の監督のもとで本職の人から技術を習得できるようにするというのも、長期刑受刑者だからこそ可能ではないでしょうか。試験によって受刑者の適性を調べ、できるだけそれに合った作業なり、職業訓練をさせることが理想です。

実際に行うとなれば、何よりも職業訓練を指導する職員が足りません。職員を増やし、専門家を募り、職業訓練する施設を決め、受刑者の配置を転換するとなると、初期の予算も労力も膨大なものになります。但し、制度として整備してしまえば、ランニングコストはそれほどかからず、人員配置も支障ありません。職員に関しては、予算が計上されれば実現は容易でしょう。

残る問題は、職業訓練種目を増やすのと同時に、施設も整備することです。初期投資はかなりの額を要しますが、社会防衛を考慮した場合、金銭と安全を単純に比較衡量できません。更生を果たす受刑者が二割でも三割でもいたならば、警察の逮捕から裁判、服役中に要するコストは削減できます。現在は、統計によっても異なりますが、受刑者一人当たりのコストは年間八〇万円、職員の人件費を含めますと二四〇万円とも二八〇万円とも試算されています。

法務省が計上する刑務所関係の予算は、施設維持、建設の費用も合わせて、約二五〇〇億円前後と言われていますが、乱暴に計算しますと、七万人の受刑者の二割が更生をして再入所者が減るとすると、約三三六億円が削減されることになります。現実は、机上の計算のようにはいきませんが、安全な社会を作る為には、本気になって検討してみるべきではないでしょうか。

報奨金をプールして出所後の生活をイメージさせる

刑務所内作業についても、受刑者の二割から三割は、製造業の作業員・工員として働くことが可能ですから、一般の製造業等、労働集約型産業の業務に従事させ、通常の賃金の二分の一から三分の一を報奨金として支払い、国と本人が分け合うようなことも一考だと思います。

現在、私達の作業により支給される金は、給与ではなく、作業報奨金と呼ばれ、一ヵ月に支給される額は、服役したばかりの者で五〇〇円前後、約三年以上、無事故で同じ作業をしている者で七〇〇〇円前後、特殊な作業に従事している者で、一万円から一万七〇〇〇円程度です。

大半の受刑者は自分の金を持っていませんから、報奨金で毎日の日用品・本を購入しますが、数千円という額では、日用品の他に本を一冊か二冊、又は週刊誌を一誌、購読するだけで、出所時にまとまった金額にはなっていません。刑務所内で高給取りと呼ばれる者であっても、三〇年服役して二〇〇万円前後であり、一〇年、一五年程度の一般的な受刑者は、数十万円程度です。

中には、一〇年間も務めて、事故（懲罰）が多い為に、数万円という者もいます。社会に家族も知人もなく、住む所も各地の更生保護施設を頼るしかなく、加えて怠惰となれば、金を使った後にどうなるかは想像がつくと思います。

刑務所では、日用品は全て貸与、又は支給され、その品質も年々、向上していますが、くだらない目先の見栄や虚栄心の為に下着や洗面用具を購入する者が多く、出所後の為に金を残しておこうという者は少ないのです。こういう点を考えず、自分を抑えられないというのが受刑者という人種です。

そこで、例えば企業は、委託した業務では一ヵ月六、七万円を国に払い、国は受刑者に三、四万円を払います。その内の八割は強制的に貯金させ、出所時に本人に交付します。但し、国が受領する金額の中から、被害者遺族、又は犯罪被害者給付金に送金することも考慮します。

一〇年間の服役で約三〇〇万円、一五年間なら約四五〇万円となれば、出所後の生活設計も全く違ったものになります。勿論、経済観念や計画性について教化しておくことは言うまでもありません。そこまでやっても更生が難しい者も多くいますが、従前よりは事態は改善し、悲惨な被害者・犠牲者は減る筈です。

刑務官の中にも、真剣に受刑者の教化や更生について考えている人はいますが、現行の刑務所の制度や人員では何もできません。ここ数年の社会情勢を見ると、今後の受刑者の増加が予想されますが、矯正教育が表面的にしか行われていない現在の刑務所へやってきたならば、出所後も再び受刑者になる可能性が高く、何らかの対策は喫緊の課題だと思います。

最後の問題は住居です。出所者の四割弱には、帰る家がありません。各地の保護施設に帰る者もいますが、年間約三万人の出所者に対し、各地の保護施設は一〇三ヵ所、定員が二三一〇人です。住む所のない者は三割から四割、年代によっては六割から七割もいます。このような状況では、職も見つからず所持金が乏しい出所者は、逡巡する間もなく犯罪に走ることになります。

出所者の住居として支援センターの構想がありますが、地域住民の反対で予定がかなり遅れており、現在のところ一ヵ所だけが設置されている状態です。収容できる人員は一〇人にもならず、折角設置しても焼け石に水です。地域住民が反対するのは当然だと思いますが、地域の警察署の近くに設けたり、警察官の巡回を増やすなり、対策を考えなければなりません。

民間では、企業主が出所者を支援する為に、積極的に雇用しているケースもありますが、殺人犯ともなれば心理的抵抗も格段に大きく、そこで働いている社員の立場からしても難しい点があるでしょう。そこで、住居の問題を解決する一つの試みとして、企業から委託された業務に従事していた受刑者の中で、希望する者の服役態度・罪質を審査し、適した者は特別に作られた当該企業の工場（国と企業の共同出資など）で、刑務官OBの管理の下で働き、住居は全寮制にし、その分給与を低く抑えるようなことができればとも思います。

ある統計によれば、戦後の受刑者の七割弱は再犯者だそうです。受刑者は、服役回数が増える毎に、出所後の社会にいる期間が短かくなります。中には、全ての服役年数を加算すると半世紀を超え、その間、最も長く社会にいた期間が一年もなかったという猛者もいます。その反面、三割強の者は、再び刑務所に入ることなく暮らしていることになりますが、多面的な矯正教育を実践することにより、この比率が上がることを切に願うものです。

刑務所では、規律を厳正に守らせると共に、社会人として備えていなければならない知識・習慣・常識を教化し、更生に務めるべきです。今のような「悪党天国」のままで良いはずがありません。

第三章　殺人罪の「厳罰化」は正しい

一〇年一五年は「あっという間」

かねてから司法の世界では、『判例主義』の問題が指摘されてきました。

通常の利得・性欲等を目的としない偶発的な殺人では、懲役一〇年から一三年くらい迄の間で判決が下されますが、これは長年の判例から半ば自動的に科されているものと言えます。

私は社会にいた頃、メディア等で「被告人に懲役三年」などと報道されているのを見ると、事件の内容を検討することもなく、「三年かあ。長いなあ」と漠然と思っていました。懲役一〇年以上となれば、人生は終わったに等しいな、と感じていたのです。三〇歳前の私にとって、一〇年一五年という歳月は果てしない時間に思えました。

自分が逮捕された時、私はこれで人生は終わったと反射的に感じました。当時は、社会で常に目標を掲げ、それを追い求めることこそ生きている意味であり、自分の人生だと信じて疑っていなかったからです。弁護人になる予定の先生達に初めて会った際に話したのは、死刑でも無期でも構わないから、やったこととそうでないことをはっきりさせて下さい、ということでした。自暴自棄ではなく、自分が相手にしたことは、自分がされても文句はないという倫理の対称性を常に念頭に置いていたからです。希望は極刑でしたが、無期懲役の判決を下され、服役することになりました。

当所へ来る前は、二〇年くらい務めたら仮釈放もあるだろうと、拘置所の職員に励まされました。ところが、初日から、二〇年どころか三〇年はかかるぞと言われ、驚きました。三〇年というのは、当時の私にとって、もう一度〇歳からやり直せ、というのに等しかったからです。しかし、自分のやったことですから、淡々と務めようと決めました。

務めてみてすぐに気が付いたのは、長期刑務所の受刑者達の時間に対する観念の特異性でした。

「一〇年なんて、ションベン刑だ」

「一二、三年は、あっという間」

「一五年くらいで一人前」

「早いよ、ここの年月はさあ。こんなんなら、あと一〇年くらいの懲役刑なら、いつでもいいいね」

「考えてたのと全然違ったよ。こんなに早く時が過ぎるとはねえ」

新しい受刑者が肩を落として入ってくると、周囲の者から、一〇年一五年はあっという間と笑顔で励まされ、すぐに明るく元気になります。この点については、長期刑受刑者は口を揃えて言います。私の感想も全く同じであり、本当に自分が服役して二〇年近くも経ったのだろうかと不思議な気がします。まさかこんなに短かく感じるとは夢にも思いませんでした。

子供の頃に読んだ『巌窟王』では、主人公は一四年間獄中にいました。当時は「すごいなあ……」と嘆息していましたが、当所で慣れるうちに「たったの一四年か。短かいものだ」と思うようになったのです。今では、一五年の懲役刑と聞いても、「何だ。右向いて左向いたら終わりだろう」と言い、同囚たちと笑っています。

人間が慣れぬ環境はない、という『アンナ・カレーニナ』の一節の通り、ここでは一〇年を超える刑は長い刑である、という認識はありません。理由の第一は、やはり周りが長い受刑者ばかりなので、相対的評価になるからでしょう。特に無期囚と生活していることも、有期刑受刑者には短かく思える理由です。

また現在の刑務所は、人々がイメージする昔の暗い刑務所と異なり、暑さ寒さの辛さはありますが、毎日テレビも見ることができ、映画等の娯楽も用意され、厳しい施設ではなくなってきています。以前は注意された日常の言動も許されるようになり、当所では該当しませんが、他施設ではまずまずの食事も給与されます。刑務所というより、悪党ランドのような明るい雰囲気です。どれもこれも「人権のインフレ」のおかげです。

そんな施設の中で、反省のない受刑者の傍らで自分の醜行について省察しているうちに、「殺人事件に対する量刑はあまりにも軽すぎる」と考えるようになりました。

被害者の命が軽すぎる

人の命を奪い、遺族に多大な苦しみを与えたのに、反省しない受刑者がわずか十数年で何事もなかったように社会へ戻るのを見続けていると、「何という不条理なのか」と暗鬱な気分になります。正義の女神の手にする秤は、常に被害者の命が軽く傾きっ放しのように思えてなりません。

私は己の歪んだドグマの為に、確信的に殺人を実行しましたが、当時から殺人は悪いことであると考え、結果としての罰も受けることを前提としていました。悪いことだがそうすべき事情がある、と判断していたのです。裁判に於いても、殺人という行為自体は悪いことだと、行為についての弁解はせず、判決にも関心はありませんでした。

その頃の反省は、専《もっぱ》ら、殺人という行為は、悪いことだ、従ってどんな刑でも受けよう、という単純な反省でした。それが、裁判の終盤で、検察官の論告を聞いているうちに、突然、自分の側からではなく、被害者の置かれた立場から事件について振り返ることになったのです。死に近付いている被害者の助命を請う悲痛な声や表情、特に目の光が鮮明に蘇り、激しい感情の動きを経て、初めて殺された側を強く意識するようになりました。それまでの自分は、反省していたと思っていたのですが、浅く、反省とは呼べないものだったのです。

その後、服役中に被害者・遺族のことについて知りたいと、その関係の本を渉猟しました。それは現在も欠かしませんが、結果として自分の愚行がもたらした影響のあまりの大きさを知ることとなりました。

その時の心境については、適当な言葉が思いあたりません。自分はもっと厳しく罰せられるべきだと思いました。また、自分がこうして生きているということについて、疑念が生じたものです。刑法・刑罰というものが、真に事犯に相応しい処断をしているのか疑わしくなりました。決して自虐的思考ではなく、これまでの判例が、被害者や遺族の人権と心情を斟酌《しんしゃく》していないのではないかと感じたのです。

ベッカリーアは、刑罰は犯罪で得た利得を上回りさえすればよいと言いましたが、殺人事件に対する刑罰は、その論理を実現しているとは到底思えませんでした。

刑法とは何を役割としているのだろう、裁判は正しく作用しているのだろうか、と考え始めました。

刑事裁判には、法の秩序と国民の正義感を維持させることが求められ、その結果として社会秩序が保たれます。適切な応報を考慮しない刑法は、国家の科する刑罰と正義への信頼を喪失させる危険性を持っています。そして、刑罰には、犯罪を防止して社会的秩序を保つ一般予防の役割と、犯罪者を社会から隔離して、苦痛を与えることで再犯を防止する特別予防の役割があります。

加害者の更生より被害者の生命権を

裁判というのは、観点を変えるならば、加害者と被害者の人権（生命権）の計量だと思います。

しかし、現実は生きている被告人（加害者）の人権や更生ばかりに目が向けられ、被害者の生命権は、それほど尊重されているとは感じられません。『犯罪被害者等基本法』第三条一項では、「すべて犯罪被害者等は、個人の尊厳が重んぜられ、その尊厳にふさわしい処遇を保障される権利を有する」とありますが、現実の裁判はそれと正反対の様相を呈しています。

殺人事件の場合、被告人は、被害者が死亡していることをいいことに、自分に都合の良い虚偽の弁解を述べ、少しでも刑を軽くすることに全精力を注ぎます。殺人の動機を偽り、被害者に非があるように陳述するのは勿論のこと、犯行態様についても死体検案書と整合性のない過小の申告を平然とし、あらゆる機会を利用して己の量刑を軽減しようと画策します。

その為に、被害者は名誉や尊厳が無視され、二度目の死を与えられたようなものです。物的証拠や目撃者の証言等により、虚偽の供述が看破されることは珍しくありませんが、被害者遺族はその卑劣な行為をどのように感じているのでしょうか。

私は服役後、自分の犯した醜行が、被害者・遺族にどれだけの苦悩を及ぼしたのか可能な限り、調べたり考えたりしてみました。その結果、遺族の受けた苦悩は、私の想像を遥かに凌駕《りょうが》していることに気が付いたのです。

犯罪により家族を殺された遺族の心情には、現実感の喪失、悲しみ、加害者に対する強烈な憎悪・怒り、家族を守ってやれなかった自責の念等があり、その後、時間の経過と共に、さまざまな負の心理に陥ることを知りました。無感覚になる、事件の時刻になる度に深い悲しみに襲われる、自責の念から自分に対し攻撃的になり、自殺や自傷行為に走る、集中できない、不眠、周囲の人とうまく付き合えない、精神的に不安定になり落ち込み易くなる、刺激に対して過敏又は鈍感になる、加害者のことが頭から離れない、他者に対する過度の警戒、薬を常用する、恐怖感から逃れられない、無気力、無表情、記憶喪失や解離性障害……。そういった状態になるのを知り、愕然としました。

そのうえ、被害者に就学している家族がいた場合は、心に深い傷を負い不登校になる例もあること、経済的問題で遺児が進学を断念する場合もあること、近所の人の好奇や非難の視線の為の転居、マスコミによる被害等々、挙げたらキリがありません。何よりも、被害者の命だけではなく、遺族の夢や希望、未来まで奪うことになるのです。

遺族は、日常の暮らしの中で、何かを見る度に亡くなった被害者を思い出し、「生きていたとしたら」と想像し続けます。殺人犯には、刑に終わりがあり、社会に戻ることも可能ですが、遺族の思いは終わりのない終身刑と同じです。しかも被害者の命は戻りません。

遺族には、加害者のことを生涯憎み続けると決意する人、こんなにも人は人を憎むことができるのかと知った人、加害者の更生など毫《ごう》も望んでいない人が沢山います。

償いとは何なのか？　家族を生き返らせてもくれるのか……。これが多くの遺族の心情であることを知りました。

罪が軽すぎる幼児虐待殺人

このような殺人という罪に相応しい刑罰とは何でしょうか。

刑法第一九九条の殺人罪では、死刑、又は無期、若しくは五年以上の懲役刑となっています。懲役五年と死刑では、霄壌《しょうじょう》の差ですが、この差は個々の事犯について、その非難に応じた刑を科す為です。

殺人には、止むに止まれず、加害者も他に選択の余地がなく激しい葛藤と慟哭を伴って、というケースもあります。家族の不治の病、長年の介護により介護する側にも重大な危機が迫った、家庭内での生命の危険すら感じる暴力等が理由ですが、メディアの報道に於いても、加害者に同情と理解が集まる殺人です。この場合、状況によっては、裁判官の酌量減軽で、懲役三年以下になり、執行猶予の付く場合もあります（執行猶予は、刑法により、懲役三年迄の量刑に付けられます。また、刑法第六六条により、裁判官の裁量で法定刑の減軽ができます）。

しかし、一般的な殺人罪では、『判例主義』という半ば自動的な方法により、判決が下されることが少なくありません。計画的ではなく偶発的であり、犯行態様も執拗ではない利得の関係しない事犯で、懲役一〇年から懲役一三年程度。一方、幼児虐待による殺人では、僅か懲役四年から懲役一〇年前後という軽さ（受刑者は、これを「安い」と呼びます。逆は「高い」です）です。長期間にわたり、精神も肉体も残酷な目に遭い、信じていた、頼っていた親から殺される子供の胸中を慮れば、無きに等しい刑罰だと思います。

カントは、『人倫の形而上学』の中で、「もしある者が殺人の罪を犯したならば、彼は死ななくてはならない。この場合には正義を満足させる為に、何らの代償物もない」と述べていますが、少なくとも、利得・性欲を目的として、何の過失もない被害者を殺害した場合には、たとえ被害者が一人であっても、加害者の死を以って償うことは重くはありません。

皆さんはたぶん、『ハムラビ法典』の、「目には目を、歯には歯を」という言葉を聞いたことがあると思います。『ハムラビ法典』は決して復讐の為の法律ではなく、同害報復（タリオ）の為に作られたものです。加害者に対する刑罰（報復）が、受けた被害より大きくなることがないように、復讐の連鎖を防止することを目的として制定されました。同害報復の定義に鑑みれば、命には命を、ということになりますが、現代社会では被害の程度より少ないと考慮される刑罰が科されています。特に我が国は、加害者の更生に重点が置かれます。刑務所での懲役刑の目的も、犯罪者の心身の健康を維持し、職業的知識及び技能を修得させて、社会復帰を促進させる教育刑です。

私は、実際に服役するまでは、殺人罪に対する量刑が軽すぎるとは考えていませんでした。一〇年一五年という年月は相当な長さであり、受刑者も己の罪を悔い、反省と謝罪の心を懐き、陰鬱で過酷な服役生活を送り、改心して社会へ戻る者が多いのだろうと想像していたからです。

しかし、自分が服役してみて、現在の殺人罪の量刑は軽すぎると痛感しています。

先ず、殺人事件で服役している受刑者のほとんどが、反省や謝罪や改悛の情とは無縁であり、自らの罪の意識すら持つ者が稀だということです。逆に、被害者に責任を転嫁し、非難する者が多数であり、遺族の苦痛等の心情を忖度《そんたく》する者は極めて少数でした。ほとんどの受刑者は、裁判の時に、心にもない反省と被害者・遺族への謝罪の弁を述べていますが、判決後はきれいさっぱり忘れ、思い出すことすらありません。彼らにとって、自らの犯行によって奪った被害者の生命のことは、「既に終わったこと」なのです。そのうえ、いざ服役してみると「一〇年一五年はあっという間」。これでは、刑罰の持つ感銘力は皆無であり、腹の底から、「もう懲りました」とはなりません。

ヴェテラン受刑者にとっては「遊びに来ている」感覚

殺人事件という理不尽な犯罪の犠牲となった被害者や家族を奪われた遺族と、獄の中で日々笑い暮らす受刑者を見ますと、私も同じ人非人の一人でありながら、厳罰を望むようになりました。

刑罰には、犯罪者に道義的非難を加え、犯罪原因を除き、犯罪を防止するという役割もありますが、殺人罪については、懲罰的意味と遺族の適正な応報感情を反映させるべきです。罪刑均衡の原則と言うのならば、行為に対する非難に応じた刑を科すべきであり、現在の量刑では、とても均衡しているとは言えません。よく、判決の際には裁判長が、被告人の将来の更生の可能性を示唆し情状酌量していますが、それならば反省も更生もなかった者には酌量分を加刑しなくてはならないと思います。

本当は、将来するかどうかわからぬ更生や改悛の情まで考慮する必要はなく、そういった点まで被告人に対して有利な情状とするのは、正しいとは思えません。被告人の恵まれなかった生育環境や社会での不遇を情状酌量することも多いですが、世間には他にそのような境遇にあるにも拘わらず、真面目に頑張っている人が沢山いることを勘案しますと、大いに疑問です。

こうした判決が意味しているのは、量刑の懲罰的な意味が薄れているということです。特に服役歴のある者は、現在の施設には遊びに来ている感すらあります。社会で生活している皆さんにとっては、十数年という歳月は、途方もなく長く感じられるでしょうが、長期刑務所では違います。自分の欲望で人の命を奪った加害者が、何の痛痒も感じることなく毎日を過ごす姿を見る度に、刑罰の効果のなさに失望します。

アメリカ・イギリスの量刑制度

被告人に対しては、あくまで、その犯行と前科を中心に考えるべきです。

例えば、アメリカならば、昭和五九（一九八四）年に施行された『刑罰量定改革法』があります。これは、刑罰のレベルを一から三〇までに区分し、それに前科と仮釈放中かどうかを加味し、自動的に裁判官が量刑を科せるようになっています。レベル三〇ならば、刑期が九七ヵ月から一二一ヵ月迄とされ、前科等で二倍から三倍の幅を持たせて宣告します。日本では、再犯者にとっての量刑が軽い為、アメリカに見られる三振法やイギリスのツー・ストライク法は参考になると思います。再犯者ならば、罪質によっては自動的に死刑を科すことにし、他の犯罪についても、最低服役年数を定めた無期懲役刑を科すようにするのです。

アメリカの三振法は、平成六（一九九四）年三月にカリフォルニア州で実施されてから、現在は二五州で採用されていますが、三度目の服役は窃盗等でも二〇年以上の懲役刑か終身刑です。日本のように、服役歴一〇回以上（犯歴多数回再犯者）が散見されるというのは異常なことではないでしょうか。

また、イギリスのツー・ストライク法は平成九（一九九七）年の『犯罪量刑法』で定められ、重大な犯罪を二回行なった者に適用しています。量刑は終身刑（イギリスは死刑廃止国）ですが、仮釈放のない者はごく僅かで、多くは最低刑期（タリフと言います）があり、公判判事が定めた年数を真面目に務めたならば出所が可能です。

終身刑受刑者の平均服役期間は約一五年前後と、日本に比べると驚くほど短かいですが、個人によって長さが著しく異なります。原則として、全ての終身刑受刑者は、不定期刑となっています。

実情にそぐわない『永山基準』

日本では死刑がありますが、この刑を科するにあたっては、昭和五八（一九八三）年に最高裁判所が、上告中の事犯に示した判決が『永山基準』と呼ばれ、参照基準となっています。この基準は次の九項目です。

（一）犯罪の罪質
（二）動機
（三）犯行態様（特に殺害方法の執拗性・残虐性）

（四）結果の重大性（被害者の人数）
（五）遺族の被害感情
（六）社会的影響
（七）被告人の年齢
（八）被告人の前科
（九）犯行後の情状

特に尊重されるのは被害者の人数です。被害者の人数が一人の場合、死刑判決が下されることは稀有ですが、私は違和感を覚えます。人の命が、殺人犯の利得や性欲の為に奪われたならば、被害者が一人であろうと死刑を科すべきです。

また、社会的に重大な影響を与えると考えられる場合（例えば幼児・児童の殺害。特に残虐な方法により行われたもの）についても、被害者が一人であっても適用されるべきです。判例に拘泥したり、裁判官個人の死刑をなるべく回避したい心情を優先させるとしたら、それは誤りだと思います。

また、最高裁によりこの判例が示されてから既に二七年が経っていますが、時代の変遷と共に、社会の殺人に対する感情も変化していますから、被害者数に拘泥することは、国民感情から離れていると言えます。

違和感の残る判決

死刑を科さずに無期懲役刑にする場合、判で押したように被告人の将来の更生の可能性・法廷での反省が見られる等と言いますが、刑務所で見る限り、反省や悔悟の念を持って暮らしている者は、指を折って数えられる程しかいません。遺族の無念さだけではなく、利得や性欲の為に、過失のない被害者の命を無残に奪った者に対する懲罰としては、その命を以って償って貰うのが、刑の均衡からしても妥当です。

また、殺害する為に、時間をかけ、恰《あたか》も拷問のように精神と肉体に甚大な苦痛を与えているケースには、被害者が一人であっても、被告人が未成年であっても、極刑を科すべきです。

死刑を科すにあたっては、裁判官が命を奪うことについて懊悩《おうのう》すると聞きますが、尊重されるべきは被害者の生命権ではないでしょうか。裁判官によって、死刑判決を下すことに躊躇《ためら》いがあるということは、人としては自然かもしれませんが、法律を用いて人を裁く身分だということを考えるならば、不適当と言えるのではないでしょうか。

同種の事犯について、ある事犯は死刑になり、片や無期懲役刑になることは、公正な法の裁きではありません。我が国の裁判では、裁判官の自由心証主義の原則があり、このことが恣意的な判決が出されたり、同種事犯での均衡を失した判決になったりする原因となっています。

裁判官も人間である以上、個々の思想や信条を持つのは不自然ではありません。しかし、その思想や信条が、被告人に下す判決に大きく作用し、法律の持つべき公正さ・正義の執行に不信感が生まれることは、避けるべきことだと思います。

実際に、同じ地方裁判所でも、厳罰派、温厚派とそれぞれ称される裁判官がいて、被告人の間で悲喜こもごものドラマが見られることもあります。被告人は再犯者が多い為、大体の「刑の相場」について熟知しており、見当外れということは少ないのです。

現実に、同じ強盗殺人事件で、こんな二件の一審判決がありました。

一件は大学生が強盗目的に六〇代と八〇代の老人を二人刺殺し、五万円弱を奪った事件であり、もう一件は一九歳の少年がタクシー運転手を強盗目的で刺殺（一人）した事件です。

大学生は成人していますが、法廷では堂々と自分は反省していない旨を述べています。求刑は当然、死刑でしたが、裁判長は無期懲役刑を言い渡しました。判決理由としては、被告人の親が被害者遺族に八〇〇〇万円を払っていること、被告人が大学生であり、将来の更生が見込まれるとなっていましたが、私はこの裁判長の判決を知り呆れてしまいました。

無期懲役刑になったのは、親が払った八〇〇〇万円という金が大きく影響していますが、法廷で反省などしていないと陳述した被告人に、どう考えたら将来の更生が見込まれるとする判決文を書けたのか不思議で仕方ありません。結果として、亡くなった被害者一人につき四〇〇〇万円で命を拾ったわけですが、法廷でこのような言葉を口に出す精神性を思料しますと、反省することはかなり難しいのではないかと思います。

他方、一九歳少年は、求刑が無期であり、弁護人は未成年の場合のお約束でもある「未成年であり、将来の更生は十分に考えられる」と弁護しています。こちらの被害者は一人であり、未成年ということで有期刑の可能性も高かったのですが、判決は求刑通り無期刑でした。裁判長は、「更生の可能性はあるが、重視すべきは犯行の行為責任である」と言っています。

この二件の判決が同じということに、違和感はないでしょうか。

私は、大学生の事件について、死刑でなければおかしいと考えています。仮に、未成年の少年の親が、被害者の遺族に四〇〇〇万円を払ったならば、或は有期刑（三〇年迄の）になったかもしれませんが、そうだとしたら量刑も命も金で買えるということになるのでしょうか。大学生に対する判決では八〇〇〇万円という金が力を発揮していますが、将来の更生の見込みについては、裏書きのない手形を振り出したようなものです。「将来の更生の見込み」を含めて判決を下すことは、正義という天秤の前では不条理です。

死刑基準の再設定を

このようなことを防止し、判決を国民にわかり易くする為の対策を検討すべきだと思います。合わせて死刑基準についても、具体的な客観的基準を設け、恣意性を排除すべきです。被告人の境遇や、将来するかどうかわからない更生の可能性は考えず、行為を重視して刑を科すことが望ましいと思います。

例えば、アメリカでは死刑を科す際の基準として、謀殺罪がありますが、他の国でも

最高刑を科す基準・条件として、

・被害者が一五歳未満の場合は無条件
・被害者が公共機関職員の場合
・性的欲求・財産的利益を満足させようとした場合
・特に残虐な場合
・犯罪を隠蔽しようとした場合
・著しい苦痛を与えた場合

等があります。

残虐、著しい苦痛というのは抽象的ですが、これまでの犯行例を具《つぶさ》に検証すれば、どのような暴行・傷害を加えて殺害したかという基準は作れます。

永山基準と大きく異なる点は、被害者の人数です。被害者が一人であろうとも、判断に迷うことなく死刑を科しています。我が国もこの点は、従来の慣行に縛られることなく、被害者数が一人であっても死刑を適用するように、基準を変えるべきです。

他にも、時間をかけて苦痛を与えて殺害した、死体を隠す為に切断した、第三者を使《し》嗾《そう》し殺害した、等の条件を設けるべきではないでしょうか。

裁判員制度が始まり、従来より被害者感情が重視され、厳罰化の傾向が進んでいるという報道がありますが、これまでの裁判では、被害者と遺族の立場と心情が、あまりにも軽視、或は無視されてきたのであって、それがやっと市民参加により是正されてきたのです。以前のような被害者・遺族が不在であるかのような判決が見直されることは、社会秩序の維持と法の精神とを考量すれば、正しいことだと思います。

犯罪に対して、ただ闇雲に厳罰化することは社会復帰の妨げとなるという意見もありますが、少なくとも服役歴のある殺人事件の受刑者の場合、出所後に真面目に働こう、更生しようという者がほとんどいないので、意味がありません。

また、二〇年の刑が一五年になろうと、更生意欲のない者には、全く関係がないというのが現実です。換言すれば、刑が短くとも、更生する気のない者には何ら影響がありませんし、逆に更生の意欲がある者は、刑が長くとも努力しようとしています。改悛の情もなく、定職に就かず、地道に生きようと考えない者が社会に出ることは、社会防衛上、危険なことです。寸毫《すんごう》も反省していない者を社会に出すことは、新たな犯罪の種を蒔くことと同じです。

社会の安全の為には、刑を厳しくすると共に、矯正の為の教育の強化が課題です。それに合わせて、改悛の情を示し、誠実に反省し、遺族に具体的な謝罪を行っている者には、処遇上の優遇措置を講じることも検討すべきでしょう。

厳罰化は犯罪の絶対的な抑止効果は稀薄としても、起こってしまったことに対する懲罰として、社会正義、被害者・遺族の持つ応報感情、特別予防等の意味から意義があります。特に、道交法違反や、幼い我が子を虐待し殺害した事犯では、極端に刑が軽い例がほとんどですが、これらは事件を表層しか見ずに判決を下す、悪しき判例主義の結果です。厳罰化し、施設での矯正・改善を強化し、加害者に自己の過ちにより、被害者・遺族にどのような被害を与えたのか深く反省させる必要があります。

殺人にもさまざまな事犯がありますが、少なくとも利得や性欲を目的とし、何の過失もない人の命を奪った者には、極刑を以って臨むことも致し方ないと思います。利得や性欲の為に殺された被害者の無念さや人権を慮れば、そのような事犯に対して、有期刑や無期刑では、殺された被害者の命が著しく軽視されています。また、何ら悔悟の念もなく社会へ戻っていった者が、再び同じ目的の為に誰かを犠牲にすることは、社会防衛上、憂慮される問題です。

一度人を殺すと殺人の心理的抵抗が減る

皆さんは、一度殺人を犯した者がその罪を省みない時、どのような心理を持つか想像できますか。

これは、私自身の実体験と同囚達の話がぴたりと符合するのですが、殺すという行為についての心理的抵抗が軽減されたり、なくなったりするのです。

私自身は、一件目の殺人から二件目の殺人（いずれも確信的犯行でした）まで、数年のタイムラグがありました。「殺す理由がある」と妄信していたこともあり、実際の犯行時まで、実行すべきかどうかの検討はしましたが、行為自体は「しなければならないのだ」という心境でした。

殺人という行為に対して人は心理的抵抗を持つ筈ですが、二回目の時は、初めての時に比べ、その抵抗が著しく低くなっていることが、自分でもよくわかりました。また、ここにいる同囚達は、既に殺人を経験していることもあり、次にその時が来たらこうしよう、ああしよう、こうすれば発覚しないだろうと、まるでスポーツか何かのように明るい表情で話しています。「反省がない」ということは、こういうことを含んでいるのです。人目を忍んでこっそり話すのではなく、明るい表情で話すということに、おぞましさを感じませんか?

その後、私は自分の誤謬に気付き、犯行時の自分が、何故、あのようにできたのか、自分の思いこみの異常さに呆然としました。しかし、当所にいる殺人犯達の多くは、未だに反省も悔悟の念もなく、更生しようというのは、夢のまた夢という状態です。

観点を変えますと、そういった受刑者が社会に戻るということは、一億二七〇〇万人の国民の誰もが、ある日、唐突に人生を断たれる可能性があると言うことです。

人は、決して自分は被害者にならないという神話、或いは幻想の中で生活していますが、何らかの事件の被害者になった人は、その前日、そのような運命が待っていることを想像すらしていなかった筈です。

一度殺人を犯し、無反省な者には、人を殺すという行為に抵抗はありません。彼らの中には、既に出所後の犯行計画を企図し仲間を募っている者、メディア等を利用して次のターゲットを物色している者もいます。

刑法では、反省の有無に拘わらず刑期さえ終われば出所できますし、無期囚にしても、その内心にある本当の気持ちというのは、仮釈放の審査では推測するしかないのです。仮釈放は、獄内で事故がなく、書類上の形式が整っていれば、あとは歳月が満つるのを待つだけです。地方更生保護委員会から刑務所に来る委員との面接では、当然、反省と更生について模範的な回答をし、被害者に申し訳なかったという素振りもします。そうして社会へ戻って行くのです。

ＬＢ級施設の受刑者達には、法廷で述べた反省と謝罪の言葉はどこにもなく、稀に反省の心を持った者が来ても、周囲の空気に汚染され、その気を失ってしまいます。それほど、罪悪感も罪責感も持っていないのです。

「この間、務めたと思ったら、もう出所だ。早いもんだね、ここの刑は」

そういって出て行く受刑者たちを見ると、人間の適応力の優秀さに感嘆します。

第四章　不定期刑および執行猶予付き死刑を導入せよ

反省の度合いを徹底的に測る制度

私のいる極悪人刑務所でも、自らの所業を悔い、涙を流して反省したり、二〇年三〇年と務めて真剣に悔い改め、更生しようという同囚達が、僅かですが存在します。そのような同囚たちのことを考えると只管《ひたすら》、厳罰化を目指すことが一〇〇パーセント正しいのだろうかと、多少懐疑的にもなります。殺人という人類最大の禁忌に懲罰を与え、被害者と遺族の無念と応報感情を満たし、加害者本人に反省と改悛の情を促して更生させ、社会の安全も保てるような刑罰とは、どのようなものなのでしょうか。

私は、不定期刑と執行猶予付きの死刑という考えが有効だと思います。服役年数の上限と下限を決め、服役中の態度・行動によって刑期を調整できるようにするのです。例えば、現在、懲役一五年程度の量刑ならば、懲役一五年から二五年程度とし、無期懲役刑ならば執行猶予付きの死刑（別に条件を定め、その条件を満たさない場合は死刑となる）を科すのです。現在の死刑は、そのまま残しますが、先に述べたように死刑判決を下す基準を明確にし、裁判官・裁判員によって差異が出ないようにします。

有期刑の量刑の幅は概ね一〇年としますが、受刑中の態度が悪かったり、反省や改悛の情が表面的にも見られない場合は、検察官或は裁判官の決裁を受けて、さらに三年から五年の刑期の延長ができるようにするのです。

また、受刑者が事故を起こして懲罰中は、収監中であっても刑期の進行を停止できるようにし、懲罰を受ける事犯については、可能な限り刑事事件として立件して刑を科し、受刑者の遵奉精神の徹底を図ります。

これらの判決を下された受刑者は、刑務所に於いて、継続して己の罪に向き合うことを法律により義務化します。

服役が始まった者には、次の順序によって、その課題毎に指定した字数のレポートを提出させます。

・自分の罪とは何か
・何故そうなったのか

・日常の生活と事件の関係
・日常の生活に誤りはなかったか
・生活の中での自分の目標はあったか。なければその理由

生い立ちから始まり、家族との関係についても多くの質問を用意し、自分に問題点があったとしたら、それは何かという点に目を向けさせます。いきなり反省というのではなく、先ず自分について深く省察するように促します。反省が深くなるには段階があり、その為には時間が必要なのです。

私が服役し、同囚とさまざまな話をしてみて感じたのは、彼らの大半は自己中心的でありながら、自身の価値観・生き方・目標について関心もなく、考える機会を持つことなく生きてきたことです。自分が目先の安楽を貪ること、少しでも得をする為には、モラルを無視し、同囚を裏切り、あらゆる努力を惜しまないのですが、自分自身、そして人生というものについて、微塵も思弁することはありません。

私は、知りたいという欲求が強い為に、同囚に雨霰のように質問し、子供の頃の両親の躾や家族との関係に始まり、成人後の生活状態、希望や夢について知ろうとしました。

しかし、ほとんどの同囚が、私に訊かれて初めてその問題や状態について考えたというのが実情でした。自身でも意識していないのが普遍的なのです。普段の言動からすれば、自己愛に満ち満ちていたとしか思えない者が、肝腎の自分の現状と将来について何も考えていないことは、私にとって意外な驚きでした。

まず自分自身と向き合わせる

人がどのような生活をしているのかということは、能力もありますが、その人の持つ価値観と性向と習慣が大きく影響しています。性向と習慣は、一見すると同義的に思えますが、例えば「きれい好きの掃除嫌い」のように、相反する場合もあります。

犯罪者に対して、その行為は犯罪であって悪いことだと教えても、初犯者の一部以外には馬の耳に念仏です。彼らは既に成人していますから、性格も思考もある程度は固定されています。そのような者に向かって表層的に、反省せよ、更生せよ、と唱えても全く効果がありません。ですから、自分という人間がどのように生活してきたのかということを考えるところから始めます。

受刑者は自己肯定感が乏しく、どうせ自分なんか努力したってダメだろう、今さら自分に何ができるのか、と考える者が大半です。私は同囚に、「これからもこんな人生でいいのか」「犯罪者になる為に生まれてきたのか」「捕まらないことだけを気にする人生で終わるのか」と問いますが（この時は自身にも自問しています）、多くの者が答えられません。あっさり、いいんです、という者もいますが、これまでの人生の中でこのようなことを訊かれることも考えることもなかった者ばかりなのです。

カントは、「道徳とは共同態的法則を自覚的に実現すること」と言っていますが、若い頃から矯正施設に反復して入所している者にとって、そこでの共同態的法則が自らの常識（道徳）になっているのです。その誤った価値観を是正する為に、自分とはどのような人間かということを考えさせなければなりません。

それをさらに進め、これまでの来し方を振り返らせ、自分という人間の人生とはどのようなものだったか、これからの人生は同じでよいのかを熟考させます。この過程に半年や一年をかけても構いませんから、じっくりと自分に目を向けるように指導します。また、受刑者には幼少時の生育状況の中で、親等により著しく心を傷つけられた者も少なくありませんが、この点のケアも含めて考慮すべきです。

次に、事件について振り返る段階に入ります。

・命を奪われるとは、どういうことか
・被害者の最期の様子はどうだったか
・被害者は何歳だったか、どのような家族構成だったか
・生きていたとしたら、被害者は何歳になるか
・そして、どのような人生を送っていたのか
・遺族は何歳になるのか、彼らがどんな気持ちで生活しているか
・被害者を喪ったことについて、遺族はどのような思いをしたか
・被害者を喪ったことで、遺族の生活はどう変わったか（経済面も含めて）
・命以外に奪ったものは何か
・自分が被害者だったら、どう感じるか
・自分の家族を奪われたとしたら、どう感じるか
・自分が遺族ならば、赦せるか
・自分が遺族ならば、どのようにして欲しいか
・償い・謝罪とはどのようなことか

・具体的な行為として可能な償い・謝罪とはどのようなことか
・被害者に人生はなく、加害者の自分が生きていることについてどう思うか
・今後の人生で、自分が被害者・遺族に対してできることは何があるか
・被害者の供養とは、どのようなことをすることか
・毎日の生活の中で、被害者と遺族について考えることはあるか

こうしたことについて、徹底的に考えさせるのです。遺族の年齢や家族構成については、行政を通じて調べられるようにし、それと合わせて遺族の法廷での証言記録や捜査段階での供述調書を受刑者に示し、遺族の心情を知らせます。

私自身は、遺族のこれらの記録（遺族の供述調書などです）をノートに書き写していて、時々見ますが、改めて自分がどれだけ酷いことをしたのか、憂悶《ゆうもん》の情に堪えません。被害者の母親の、「死刑がダメなら、一生、刑務所に入れておいて下さい」という主旨の証言は、強く脳裏に刻まれ、一生を獄で過ごすと決めた理由の一つになりました。

長文のレポートを書かせる

私が構想する矯正プログラムは、実際にはこれらの何倍もの量と段階がありますが、受刑者は、質問に対し、指定された字数（概ね四〇〇〇字から六〇〇〇字）のレポートを提出します。何か一つのテーマについてレポートを書くということは受刑者にとって不得手であり、不快な行為です。彼らにとっては膨大な量ですが、人を殺すということはどれだけの代償を払わなくてはならないのか自覚して貰い、服役生活も楽しいことばかりではないことを身に沁みて分かって欲しいという目的もあります。

これだけの分量の文字を書くには、上っ面の反省をさらっと書くだけでは足りません。必然的に、これらのテーマと向き合わざるを得なくなります。これを書く努力をさせて、三年毎の審査により評価点を付けていき、執行猶予付き死刑及び、有期刑ならば上限・下限について判断をしていきます。

執行猶予付き死刑では、猶予期間を三〇年間とし、成績（累積評価点等で審査）が基準をクリアしたならば無期刑となりますが、課されるレポート等は仮釈放出所まで継続し、評価点以下ならば再度前の刑に戻します。

もし、こんなことはしたくない、どうにでもしてくれとなった場合には、執行猶予を取り消して死刑を確定させたり、有期刑では最低服役期間を個別に定めた無期懲役刑とし、社会には出さないようにします。例えば、懲役一五年から懲役二五年の不定期刑の者が、レポートを拒否した場合には、最低服役期間を三〇年と定めた無期懲役刑にして、それでも何もしなければ仮釈放はないということです。

逆に、このようなケースで無期懲役刑となった者がその後、真剣に取り組み改善が見られた場合には、最初に科された不定期刑の上限（二五年）と下限（一五年）の平均年数の二〇年から上限の二五年までの刑とします。

これについても、服役後三年までは加重された刑より、成績によって元の刑に戻ることを認めるが、それ以降は認めない等という条件を加えます。受刑者が生活・心情共に、一定のペースが確立されるまでに、長くかかる者でも三年程度あれば十分だからです。

また、ヴィデオを利用し、被害者側からの視点を中心に、自分の犯罪について考えられるようにします。実際の被害に遭い、家族を喪った遺族に、プライバシーに配慮した上で、家族を喪った心境・生活の変化、加害者への思い等を語ってもらうヴィデオも必要だと思います。ヴィデオのテーマには、犯罪に関することだけではなく、市井で努力して生きている人、病気や障害と共に生きている人、そして受刑者にもやがて訪れる高齢者の生活について等を選び、考えるだけではなく、心で感じられることを目的とし、感想文を課します。

他にも、スポーツ選手の厳しいトレーニングの様子や、長い年月にわたって地道な努力をしてきた業種・業界の人をテーマとしたヴィデオにより、努力すること、苦労することで得られる喜びや生き甲斐、人としての生き方を啓蒙していきます。

これを長期間継続したとしても、効果がある者は半数にも満たないかもしれませんが、現在の、更生をほとんど期待できない状態よりは遥かに有効だと思います。

「目標」を持たせる

また長期刑務所の受刑者は、真剣にその気になれば、一つのことに長い年月の間、取り組むことが可能です。仮に平日二時間、免業日（休みの日のことです）四時間を使うなら、年間九八〇時間、一〇年間で九八〇〇時間、二〇年間で一万九六〇〇時間、三〇年間で二万九四〇〇時間となり、大概のことは身に付けられますし、習熟することが期待できます。

毎日、愚にも付かないテレビ番組に時間を取られ、無為に過ごす者が圧倒的に多い刑務所ですが、誰のものでもない自分の人生を再構築する為に、目的を持って生活することが大切です。目的というのは大仰なものではなく、日々の暮らしの中で犯罪に手を染めず、地道に生きることを基本に、無理のないレベルで考えさせます。そもそも、再犯受刑者の多くに、社会の皆さんが連想するような目標は浮かびませんし、目標・目的という思考自体、馴染みがないものです。

私は、小さい頃から絶えず目標を持って生活してきたので、服役して間もない頃に、同囚達の誰もが、目標なんかない、と言うのを聞き、カルチャーショックを感じました。そんなことが有るのだろうか、と懐疑の念を持ちましたが、時間の経過と共に彼らの社会での生活が経済的に不安定であり、腰を据えて目標を追い求めるような暮らしではないことを知らされたのです。

幸か不幸か、刑務所という所は衣・食・住の心配がなく、おまけに長期刑務所なら時間だけはたっぷりとあります。受刑者の中には時の移ろいと共に、己の愚行に気付き、この長い時間を改心と更生のために生かそうという者が僅かにいますが、大半は誰かが道筋を示さなければ気付くこともありません。受刑者の場合は、道筋を示すだけではなく、手を引き背中を押し、絶えず励まさなければ、持久力のない者ばかりですから続きません。歳月を重ねる度に、以前の自分のレポートやヴィデオについての感想文も見せ、変化についても自覚させていくのです。被害者の視点を取り入れる他に、共感力を養う為に、常に自分と他者の役割を交換して考えるトレーニングも重ねます。

私がこのように考えるようになったのは、余暇時間に一緒に生活をしている中で、殺人犯達が本を読んだり、テレビを見たりして感動する様子に遭遇したことがあったからです。勿論、全くそのような感情を持っていない者もいますが、日常の何気ないことに反応し、その時だけでも人間らしい感情の発露を見せる受刑者がいるのです。

また、「動物好きに悪い人はいない」という言葉は巷間よく言われますが、受刑者達には動物好きが多く、テレビの動物番組を見ている時には、日頃の悪相もほんの少しだけ優しげに見え、目尻が下がっています。言葉自体が誤りなのか、それとも受刑者が悪人ではないのかは別として、そのような光景を見ていますと、ナチスも動物愛護派だったと書かれていた本のことを考えました。

受刑者の一部には、まだ人間らしい優しさや情緒が潜んでいることを知ると、その瞬間だけではなく日常の生活でもその心性が続くような、矯正の方法を検討して欲しいと考えたのです。レポート、感想文を書いたからといって、すんなり反省し、改悛の情を示すとは限らないでしょうが、長い期間にわたって続けていれば、真面目に考えている者とそうでない者の差ははっきりしてきます。内心では反省をすることもなく、適当に書いて済ませる者もいるでしょうが、受刑者にとって自分の感情を見つめたり過去の罪について考えたりすることは苦痛なので、懲罰の意味も込めてあります。真摯な反省が顕われない場合には不利益な処分を科すようにします。

内心に変化・改善が見られなかったとしても、現在の刑務所のように、娯楽を増やし、安逸を貪らせ、楽な服役をさせてはなりません。本人が改心も更生もする気がなければ、法律を改正し、社会に戻さないようにするべきです。自分の人生と行為に対して目を向け、反省と矯正に取り組ませなければ、殺人事件をはじめとする犯罪は減ることはなく、犠牲者が出ることになるでしょう。

社会から全ての犯罪・殺人がなくなることはありませんが、行政が切実に減らそうと対応するならば犯罪を減らすことは不可能ではありません。

被害者への賠償を法制化する

加えて、被害者遺族への謝罪と合わせ、賠償金の支払いを法制化します。

賠償金ということでは、平成一九年に法律が改正され、殺人事件等の被告人が刑事裁判で有罪判決を言い渡された後に、遺族や被害者が申立てれば、同じ裁判官がそのまま民事について審理して、加害者に支払い命令の判決を下せるようになりました（裁判員裁判での適用第一号としては、平成二一年一〇月九日に、殺人の加害者に対し四七四五万円の損害賠償支払命令が課されています）。

服役中の殺人事件の受刑者は、作業報奨金の中から一定の割合を自動的に引かれ、一年に一度、国が送金する等、制度化するのです。遺族から連絡を拒否されている受刑者は、国の制度である『犯罪被害給付制度』に送金されるようにします。遺族に賠償しなければならない受刑者は、その支払いの履行も釈放の条件の一つとし、別に定めた法律により、不履行があれば収監できるようにし、刑期満了による不履行を防ぎます。

他方、遺族から連絡を断わられ、犯罪被害給付制度に支払っていた受刑者も、出所後、一定額を納めるものとします。未納の場合は再収監できるようにし、他人の生命を奪った犯罪の代償が重いものであることを自覚させます。但し、金額については、社会での生活に大きな負担とならないよう配慮し、長い期間にわたる納付を課すのです。

刑法を改正し、殺人事件の受刑者が出所後に犯行に及んだ際には特に厳罰にし、社会から隔離するようにします。現在の制度では、仮釈放対象になり出所した者の三二・二パーセントが五年以内に再び事件を起こして刑務所へ戻っていますが、これは仮釈放制度が機能していないことの証と言えるでしょう（参考までに言いますと、満期出所者の再犯率は約五五・一パーセントです）。

仮釈放になる者は、職員の前では従順であり、規則を守っているように装いますが、実態は違います。職員のいない所では平気で規則を破り、他人に迷惑をかける者が大半です。書類の形式上、事故がなければ仮釈放となりますが、現状ではこれ以上の調査や判断はできません。

服役歴を五回六回と重ねても仮釈放で出所できるとはどういうことなのか、再検討が必要ではないでしょうか。殺人以外の事犯には、服役が五回六回どころか一〇回を超える者もいます。いかに我が国の量刑が軽いかを表わしていますが、このような者に対しても、刑法を改正して厳罰を科すことが必要です。

何度も服役する者は、出所後また罪を犯して服役することが予定調和的となっていますが、これは量刑の軽さと、刑務所の生活が楽であることに起因しています。そのような点からすれば、刑務所は社会福祉施設の最後の砦となっているとも言えますが、こうした事態は、社会の治安に不安をきたす以上、看過することはできない筈です。

更生がないのであれば、特別予防として、社会から隔離するしかありません。受刑者の人権を無視していいとは思いませんが、憲法にあるように公共の福祉の為に制限されることは致し方ありませんし、受刑者が人権と権利ばかり主張し、義務を履行しない実情には、検討と対策が喫緊の課題です。

受刑者である私が提言することに、違和感を覚える人も多いのは承知できますが、今の刑務所のように、悪いことをしてきた者が、己の非を何ら省みることなく、無為に過ごすことに、疑問を感じざるを得ません。

また僅かですが、反省し人生をやり直そうとする者がいます。そのような者には、適正な教育と支援をして欲しいと思います。その者が悔い改め、人生をやり直すことによって『善く生きる』ことを実践するように教化し、支援することが真の人権の尊重であり、社会の安全にも繋がるのです。

残念ですが受刑者は、外から強い刺激を与えない限り、人生や生きることについて思案を巡らせる者は稀です。私も同囚達も犯罪者になるべく、この世に生を受けたのではありません。自身の過ちにより獄にて生活をしていますが、人である以上、この醜状から自分を救済し、まともな人生を過ごさなくてはならないと思います。その為に、これまで述べたような制度が必要なのです。

刑務所職員の絶対数が不足している

これらのことは、国が実施しようとすれば、すぐに出来ます。

例えば、矯正教化のレポート・感想文の審査等の為に新たに職員を増やす場合、全国で約七万人の受刑者に対し、一四〇人に一人の割合で職員を配置するなら五〇〇人になります。人件費を一人五〇〇万円と仮定すると二五億円ですが、この程度の予算は、実施しようとなれば計上は容易です。他の経費を考慮しても、不可能なコストではありません。加えて、専門の心理カウンセラーが各施設に二人くらい配置されることが望ましいですが、さらに職員にトレーニングを施し、受刑者のレポート・感想文の処理ができることを目指します。

時代の趨勢は国家公務員の削減に向かっていますが、刑務官という職は、他の業務のように一律には減らせません。受刑者を一人連行するだけでも、職員が一人必要であり、平日の作業日は、面会・医務・職員との面談等、受刑者の移動毎に職員が欠かせません。

また、工場で受刑者を管理する職員（工場担当と言って、職員の間でも一つの花形のようになっています）にしても、受刑者数が五〇人未満は職員が一人、五〇人以上で職員が二人という状態なので、新しい法律が目指すところの『個別の処遇』の為に、一人一人の受刑者の作業態度を細かく観察し、評価点を付けることは事実上、不可能になっています（受刑者は、工場担当により、毎日、その服役態度を点数評価されます）。

個別の処遇というのは、平成一九年六月から施行された『刑事収容施設及び被収容者等の処遇に関する法律』の第三〇条です。

第三〇条　受刑者の処遇は、その者の資質及び環境に応じ、その自覚に訴え、改善更生の意欲の喚起及び社会生活に適応する能力の育成を図ることを旨として行うものとする

新しい法律では、このように示されていますが、工場担当の業務は海千山千の受刑者の管理・指導以外に、受刑者の提出する諸々の願い出の書類（願箋《がんせん》と呼びます）の処理、個人からの相談、差し入れ物品、手紙等の帳簿記入と本人への交付、成績表記入、等々

多岐にわたり、目の回るような忙しさのうちに、一日を過ごします。

その為に、一人一人の作業状況や工場内での服役態度全般につき、細かく観察し、評価をすることは困難な状態であり、作業をする者としない者の評価も同等となるケースが一般的です。朝から夕方まで、誰もが感嘆するくらいに作業をする者と、工場担当の目を盗み、話してばかりいる者が同じ評価であり、優遇措置の処遇も同じになります。これは、工場担当に問題があるのではなく、刑務所では職員の数が不足しているという行政の問題です。

国の推進する人員削減の趣旨は理解できますが、刑務所、特に再犯刑務所の職員数は削減すべきではありません。受刑者の更生と社会復帰に主眼を置くのではなく、社会の安全という面から考量し、国として本腰を入れて取り組む問題だと思います。刑務官は、特に犯罪傾向の進んでいるＬＢ級施設では、心身共に過重な勤務を強いられ、個々の職員の忍耐と努力により、現状を維持しています。

加えて職員の中には、受刑者の更生について考慮している人もいますが、現在の人員と環境では断念せざるを得ません。新しい法律が有名無実のものとならないように、行政の善処を期待します。

第五章　無期懲役囚の真実

平均服役期間は三〇年以上

皆さんは、無期懲役刑について、どのようなイメージを持っていますか。

世間では、「出られない刑ではない」「たったの一五年くらいで仮釈放だ」等といったイメージがあるようです。私自身も、メディアを通して、そのような言説を知ることがあります。

しかし、雑誌や書籍では、事件を扱う人達、或いは有名な小説家であっても、無期懲役刑に対して正確に述べている人には、なかなか遭遇することはありません。そういった本では、相変わらず無期刑は一五年から二〇年の服役で仮釈放となっているのです。中には、無期囚というのはいずれ黙っていても社会に戻ってくると書いている人もいます。しかし、実際にはそれくらいの期間で仮釈放になったのは、一九八〇年代半ば迄であり、どうしてもっと正確に調べなかったのだろうと、そう書いている人の他の記述まで疑いたくなってしまいます。

　無期囚の仮釈放までの平均服役期間は、二〇〇七年度は三一年一〇ヵ月、二〇〇八年度は二八年一〇ヵ月です。但し、これは仮釈放として出所できるだけに、刑務所内においては模範囚中の模範囚の平均年数であり、服役後に何度か事故の経験がある無期囚が仮釈放になるには、三五年、四〇年が相場だとされています。

　また、無期囚には、個人の事情により、出られない者も少なくありません。事情とは、所内での事故の他に、社会に出たとしても正常な生活ができないと判断されたということ等です。また、私のように自分から仮釈放の対象外の処遇を希望し、一般受刑者とは異なる措置を受けているケースもあります。

　現在、全国に一七五〇人程の無期囚がいますが、平成一五（二〇〇三）年以降、急激に増えています。平成二（一九九〇）年に全国で八八八人だった無期囚は平成一二（二〇〇〇）年に一〇四七人に増え、現在に至っています。一九九〇年代は、毎年二〇人から三〇人の増加でしたが、近年は五〇人前後から一三〇人前後と増え、それと共に仮釈放出所者も減ってきました。

　無期懲役刑の仮釈放出所者は一九七〇年代は毎年五〇人から七〇人、多い年（一九七五年度）は一〇〇人を超えています。一九八〇年代に入り、次第に減り、一〇人から二〇人前後となり、昭和六〇（一九八五）年からは新しく無期囚となった者と、仮釈放出所者の人数が逆転し、出所する者の方がかなり少なくなりました。平成八（一九九六）年以降は一桁となり、それに呼応するかのように平均服役期間も長くなりました。平成一二年からは仮釈放出所者に服役期間が二〇年未満の者は、ほぼいなくなりました。

無期囚仮釈放者の平均服役期間の推移ですが、次の通りです。

一九九八年度　二〇年一〇ヵ月
二〇〇四年度　二五年一〇ヵ月
二〇〇五年度　二七年二ヵ月
二〇〇六年度　二五年一ヵ月
二〇〇七年度　三一年一〇ヵ月
二〇〇八年度　二八年一〇ヵ月

二〇〇八年四月時点での服役年数と人数の関係は次の通りです。

服役二五年〜三〇年　一〇五人
服役三〇年〜三五年　四一人
服役三五年〜四〇年　二二人
服役四〇年〜四五年　八人
服役四五年〜五〇年　一〇人
服役五〇年〜五五年　五人
服役五五年以上　　　一人

服役二五年以上の無期囚の年代別では、八〇代が一〇人、七〇代が三七人、六〇代が八五人、五〇代が五三人、四〇代が七人となっています。仮釈放になった人数は毎年数人で、二〇〇七年度は三人、二〇〇八年度は五人です。

一方、獄死者は、一九九九年度から一〇年で一二一人と、仮釈放出所者の人数を遥かに上回っています。法律（刑法第二八条）では、無期懲役刑は服役一〇年を経過すると仮釈放の対象になりますが、現実は全く違います。獄死者の数の方が多いということは事実上、終身刑とも言える訳です。

私が当所に来た時に、幹部職員数名と面接（これは新入受刑者全員にあります）しましたが、その際も、「どうするんだ」「どうやって務めるんだ」「大変な刑だぞ」と再三、心配されました。どうやってと心配されても、粛々と、或は淡々と務めますとしか返答できませんでしたが、当時から無期囚は三〇年コースと公然と言われていたのを思い出します。

当所では、工場の二割程が無期囚で、平均的な年齢は五〇歳の私より上です。既に二〇年、三〇年務めている先輩受刑者達の話では、務めた当時（主に昭和五〇年代から昭和六〇年代前半）は、やはり一五年も務めたら仮釈放と言われ、少々の事故くらいは何ともないと安易に考えていたようです。それが一九九〇年代に入り、服役期間が次第に長くなり、二〇年どころか三〇年となり、現在は三〇年から三五年が無期囚の合言葉となっています。時折り、他のLB級施設より移送されてくる者がいますが、他の施設では四〇代以上の新しい無期囚に対し、「仮釈放は諦めろ」と職員が告げることもあるようです。

無期囚は、有期刑受刑者と異なり、仮釈放がなければ社会へ出られませんから、仮釈放で出るということが服役中の最大の目標となります。残念なことに、最大というより唯一の目標になっていて、事件の反省や被害者への思いは、ほとんどの者にはなく、仮釈放目当ての表面上の言動が目立ちます。また、この仮釈放が無期囚にとって、猫のように大人しく生活するインセンティヴであり、希望です。

有期刑受刑者には、初めから仮釈放の対象外の者（暴力団を脱会しない者、仮釈放中に事件を起こした者、服役回数があまりに多い者、犯罪の内容が悪質な者等）がいたり、満期上等！とばかりに仮釈放を自ら望まない者もいます。

しかし、無期囚で仮釈放を望まない者は、かなりの高齢で他の事情もあって社会生活に支障をきたすと想定される者以外では、皆無です。稀に、本人の心掛けが悪く、仮釈放で出所したい強い希望はあっても、たぶん出られないと自覚している者も散見されます。

「無事故」でいるのは難しい

無期囚の仮釈放の条件の第一は、刑務所内で事故を起こさないことです。我々は、『無事故本数』と呼称していますが、一年間、事故がなければ、無事故一本と呼び、それを示す袖章を授与されます。事故というのは、刑務所内の規則を破ることを言いますが、同囚とのトラブルや不注意での作業事故も含まれます。

長い間、無事故を保っている者には、無事故二十何本という者もいますが、道理の通らぬ受刑者の多い中で、これだけの本数を無事故でいることは大変なことです。但し、その内心までは判断されません。あくまで表面上（書類上）、無事故であればいいのです。

いくら自分が無事故で務めようと考えていても、同囚に誘われて反則行為に参加したり、何かを貰ったりすることも発覚すれば事故扱いです。そのうえ受刑者達には、自ら反則をしていても、他人の反則行為を職員に密告（チンコロと呼ばれ同囚、職員にも嫌忌される行為です）し、懲罰を受けさせる者もいます。先日まで仲の良かった者同士が何かの弾みで敵となり、密告することもあります。ですから、無期囚が無事故でいるというのは、己を曲げ、自制し、自分を虚しくしなければ難しいのです。

無期懲役刑というのは、期限のない不定期刑であり、それが憲法第三六条の残虐な刑にならないのかという点では、昭和二四（一九四九）年一二月の最高裁判所大法廷の判決があり、残虐な刑罰とは言えないとして、合憲とされています。全く基準も目安もなければ、精神的に過酷な面もあるかもしれませんが、いつの時代であっても、長い短かいは別として、大体の仮釈放までの服役年数が目安として示されていますから、無期囚達はそれを胸に刻みつつ、務めているのです。

無期囚が一回、事故を起こす度に、社会で懲役一年の刑を加算されるのと同じだと言われています。つまり、事故一回につき、一年延びるということです。また、真偽のほどは確かめられませんが、事故も服役が始まってから五年くらいまでならそれほど影響がないが、一五年を超えてからの事故は影響が大きいと無期囚達の間で語り継がれています。

他にも、同じ無期囚であっても、検察官の論告求刑が死刑だった場合は仮釈放がない、又はかなり遅くなるとも囁かれていますが、これも真偽不明です。

犯行の性質が特に悪質と判断された事件については、仮釈放の適用について慎重にするという通達があるのは事実です。最高検察庁は、平成一〇（一九九八）年六月、次長検事名で通達を出し、無期囚のうち、動機や結果が死刑事件に準ずるくらい悪質と判断した事犯を『マル特無期事件』とし、他の無期囚より長く服役させる手続きを取っています。勿論、これは本人にはわかりませんし、教えてくれと言ったところで、教えてくれる訳ではありません。

仮釈放の申請は、刑務所長が地方更生保護委員会にしますが、あくまで書類上の形式が整っていることが条件であり、本人の胸の奥底についてはわかりません。

何十年も服役した者の大半は家族との連絡もなく、社会へ出ても住む所も職もないのですが、住居については、地方の更生保護施設に引き受けて貰う者が多いようです（社会で待つ人がいない、社会と自分を結ぶ糸がないということも、長年の服役になる無期囚に特に多い特徴です）。勿論、家族や知人に身元引受人になって貰う方が条件としては良いのですが、事件のあった地元へ戻りたくない、又は家族に近所からの非難があることを危惧し、別の地方の更生保護施設を選ぶ者もいます。

無期囚同士の奇妙な連帯感

私自身は全く意識していなかったのですが、無期囚同士には、有期刑受刑者にはない、独特の連帯感や仲間意識が働きます。どの工場に移っても、必らず同じ無期囚が親しげに声をかけてきますし、初対面の私に、笑みを顔中に広げ、頑張りましょう、と言ってきたりします。初めの頃は、この感覚に妙な思いをしたものですが、無期囚同士が相手のことを慮《おもんばか》る光景はどこの工場でも一緒でした。特に私のように、相手に構わず自分の意見をはっきり言う者に対して、同じ無期囚の先輩達は心配してくれたり、共感してくれることが多く、彼らの反省の無さを残念に思いながらも有難く感じました。

無期囚達は、有期刑の同囚の理不尽な要求や横暴にも抵抗しません。無期囚であることより、もともと本人がそのような性格という者も多いのですが、中には攻撃的な性向を抑えている者も少数ながらいるのです。無期囚同士の話の中に、あまりの口惜しさに夜、枕を涙で濡らしたなどという話も出ます。そういうことを乗り越えて無事故の生活をしていますが、刑だけを考えると、それこそ命懸けの刑と言えるでしょう。

無期囚の多くは、意図していなかった殺人（強盗殺人等）で無期懲役刑となっていますが、殺人犯らしくない穏やかな人が主です。社会にいても大人しく、人に使い走りをさせられているような者もいて、おそらく皆さんと接することがあっても、普段は殺人犯という匂いはしないと思います。しかし、己の利得や性欲の為に罪のない被害者を殺害していますから、倫理観や道徳という面では、常識から外れている者達です。

先輩達と話をしますが、私より年長の者ばかりですから、仮釈放となる時には若くて五〇代半ば、普通ですと六〇代半ばから七〇代となります。そんな先輩達に、社会に出たとして、仕事はどうするのか、生活についての具体的な計画があるのか尋ねるのですが、皆同じように、うーん、と唸っています。社会に出たい、出たいということばかりに関心が集中し、その後の生活については深刻に考えようとせず、何とかなるさという無責任な思考なのです。

服役二十数年後に仮釈放で出たにも拘わらず、無計画な生活をした挙句、すぐに事件を起こして戻ってくる者は、どこの刑務所でも見られます。生活保護を受けたとしても、その金額内で生活できるような者達ではなく、長年、窃盗や非合法の仕事で収入を得る人生でしたから、どうなるかは予想できます。中には、半年でもいいから娑婆を見てきたら、もう思い残すことはないという者もいるくらいです。

何十年と務めていても、社会に適合した職業訓練も受けられず、スキルもありません。長期間、衣・食・住の心配もなく、職員の指示に素直に従い（無期囚は反抗する者が稀です）、すっかり受動的になっていますから、自分で判断し仕事を続けていくことは至難の業です。三〇年という歳月と高齢であることに加え、勤労精神と経済観念の欠如した彼らの社会復帰を想像すると、暗澹たる思いにかられます。

彼らの反省心や改悛の情のない点に対して、私は大いに批判的（実際に本人に向かって批判します）ですが、批判されても私のことを気遣ってくれたり、親しく話してくれる姿を見ると、将来、何とか更生してくれよ、と感じることもあります。

結果的に、己の罪に向き合うこともなく、改心も更生もなく、ただ三〇年という時間を無為に送り、入ってきた時とそれほど変わらぬ精神と価値観のまま出所していくのです。もう次の服役をするくらいなら死刑の方がいい、どうせなら、それだけのことをしようか、と言う者もいます。するかどうかはわかりませんが、生活に行き詰まれば以前と同じ道を選ぶでしょう。

私は、いつも考えてしまうのですが、三〇年間という長い期間にも拘わらず、自分を省みることなく、変えることすらなかった人生とは何なのでしょうか。もしかしますと、それが罰ということなのかもしれません。

「反省」によって仮釈放に差を設けよ

無期囚が仮釈放になる服役期間の三〇年、三五年という年月は、それだけを考えれば長い年月ですが、口を開けば娑婆のことばかりで、被害者と遺族について話すことはほとんどありません。行為とその後のことを思えば、社会へ出すべきではないという気もします。

三〇年以上という長い年月を務めたのだから社会へ戻してもいいのではないか、長い務めが反省や償いにもなっているのだろうし、という考え方もあるでしょう。しかし、その考え方は、あくまで第三者のものだと思います。

無期囚は口を揃えて、何十年という時間は、思っていたよりずっと早かったと言います。そして、メディア等で、無期囚に関係する報道がある度に一喜一憂しています。出ないと決めた私には気になりませんが、無期囚にとっては一大事です。そんな中で平成二一年四月から、法務省が無期囚に対して、服役三〇年で全員を仮釈放の審査にかけ、却下であってもその後一〇年毎に審査するという報道がありました。無期囚達にとっては、期間が明確になったという点、審査されれば出られるかもしれないという点で朗報となりました。ただ、著書を出版した関係で、新聞記者の方から手紙で教えられるのですが、同じLB級施設でも無期囚達が希望もなく悲観的だという所もあるようです。

私自身は、娑婆娑婆と唱えることよりも、無期囚としてもっとしなければならないことがあると考えており、親しい者にはそれを伝えます。また、中には己の非道を悔い、被害者と遺族に申し訳ないという気持ちを持つ者もいますから、両者の仮釈放には差をつけるような制度も一考の価値があるのではないでしょうか。

無期囚にとっての希望とは仮釈放ですが、真剣に更生しようと期する者とそうでない者を区分できるように制度を整えるべきだと思います。仮釈放を与える者と、与えないで生涯社会から隔離するべき者とをはっきりと分けた方が、社会秩序を維持する為にも、懲罰という意味でも望ましいと思います。

加えて、仮釈放の条件をより細かく具体的にして、恣意性を極力なくし、無期囚がはっきりした目標を生活の中で意識できるようにすべきです。被害者遺族に対する賠償金の支払いなど具体的な形をつけて、それらを総合的に評価するシステムが望まれます。表面上、模範囚を装うだけの無事故という形式より、具体的な行動を評価する制度が必要です。

平成一九年に成立した『更生保護法』では、住居や職業に遵守事項があり、保護観察が厳しくなりました。遵守事項違反があれば、住所変更の届出を怠っただけでも仮釈放が取り消しになって収監されますし、交通違反の罰金刑も同じ措置を取られます。また、この法律により無期囚の仮釈放審査では、被害者遺族の意見が大きく尊重されるようになりました。

なお、仮釈放後一〇年経過すれば、個別恩赦を申請し、無期懲役刑の効力を消滅させることも法律上は可能ですが、現実にはハードルがかなり高く、ある意味では社会にいて終身刑に服しているようなものです。それだけに、反省のない者は再び刑務所に戻る公算が大であり、その時には尊い犠牲者が出ないとも限りません。自分が何十年務めたら出られるという明確なゴールのない無期囚ですが、その犯行態様を思料するなら当然だと言えます。

施設での処遇に於いては、無期囚は有期刑受刑者に比べ優遇されています。刑務所では、行刑成績や職員の評価が高いと考えられる者が一般工場から栄転し、炊場（食事を作る工場です）・図書（受刑者の購入や差し入れの私本を扱い、職員の立会が無い為、本が読めます）・衛生夫（受刑者と職員の連絡や受刑者の世話をするエリート？受刑者です）になりますが、無期囚は選抜される確率が高いのです。

これらの工場・持ち場は同囚も少なく、対人関係のトラブルに遭うことも稀であり、作業報奨金も高く（大体、一ヵ月、一万七〇〇〇円前後の「高給取り」で、一般受刑者の二倍から三倍です）、慰問では最前列の席に座れるので、時と場合によっては芳香に包まれ、生の動く女の人も至近距離（二、三メートルです）で見られます。

工場では、無期囚だからと気を遣ってくれる者と、抵抗できないことを見越して威圧したり、嫌がらせをする者がいます（主に卑劣な暴力団員ですが、暴力団員の七、八割はこの手合いです）。侠気のある暴力団員が工場のボスや中心的存在の時は、対人関係を慮り、他の者に対して無期囚との接し方に注意と配慮を促すので、無期囚が務め易いようになる場合もあります。例えば、仲間同士で規律違反行為をする時でも、無期囚を引き入れないようにしたり、万一発覚した時には関係がないように図るのです。「無期なんだから」「長いんだから、俺達と違って」と親切に接しているのは、大概、暴力団員の中でもリーダー的且つ侠気のある者になります。

将来の展望がない者がほとんど

無期囚には、服役した当時は反省し始めていたものの、年数を経る毎に、社会に出ることばかりが気になり、反省や悔悟の念が消える者も見られます。大半は初めから反省することがない者ですが。

以前は、そろそろ仮釈放が近付く一五年を過ぎた頃から、その兆しが無い為に精神的に動揺し、事故を起こす者もいたらしいですが、今は三〇年から三五年、事故の多い者は四〇年はかかると覚悟していますので、特にそのような事故は見られません。満期日はありませんが、概ね三〇年を一つの区切りとしていますから、二七、八年くらい服役した無期囚は、自他共に『シャバチカ』(社会が近いという業界用語)と称し、本・雑誌・テレビ等で社会の情報チェックに余念がありません。

社会にいる皆さんの感覚からすれば、まだ三年から七、八年もあるのに、気の早いと、思われるでしょうが、長期刑務所の三年五年は、皆さんの半年、一年という感覚より短かいものなのです。

当所の食事はダイエット食のようなもので長期間服役している者は、痩せていることと、皮膚に張りと艶がないのが特徴ですが、ショウジョウバエの他にも数々の実験で立証されているように、低カロリー食は長寿を促すので、長生きするかもしれません。大概の無期囚は高齢(六五歳以上)となっても、社会の人と異なり、元気に走ったり、卓球、ソフトボールに興じています。中には、古稀を超えても短距離走を三〇代、四〇代の者と走ったり、八〇歳になっても腕立て伏せ・腹筋運動を一〇〇回、二〇〇回とこなす者もいるくらいです。

無期囚の社会復帰のネックになるのは、長く服役していることの他に、社会にいる家族との連絡が何十年も前から途切れていたり、家族・知人がいないことが挙げられます。新しい法律の施行により、手紙・面会の相手の制限が原則として自由になりましたが、相手がいない為に、面会だけではなく手紙の発受信もない者が常態です。

また、ＬＢ級施設では、社会にマッチした職業訓練がない為に、何の技術も職業スキルも身に付けることなく、何十年も過ごします。その為に、六〇代・七〇代になった無期囚が仮釈放になった場合、職に就くことは難題となります。

私は、現在の単独の処遇になるまでに何ヵ所か工場を替わり、約四〇名の無期囚と話しましたが、将来の生活については全く予定の立たない者ばかりです。それは、職業スキル等、施設の問題以外に、本人達が社会生活について、具体的に考えることなく、出たら何とかなる、という思考で生活していることが主因となっています。

本人の肉体が同年代の人に比べ元気であっても、七〇代前後となれば、雇用面では厳しく、ほぼ絶望的とも言えます。また、元気と言っても毎日の肉体労働に堪えられるものではありません。本人に社会でも通用する技能やスキルがあればいいのですが、それを持つ者は、いません。

住む所については、仮釈放後、六ヵ月は更生保護施設（食費だけは、本人が負担します）に住むことで当初は問題になりませんが、職が無いということは、生活費が入らないことを意味します。生活保護という選択肢もありますが、とてもその金額内で生活できるような自制心や計画性を持たない者が大半です。どうするの、という私の問いに一様に首を傾げ、溜息をつくのは、まだ、ましな方と言えます。私の問いに、間髪を入れず、「盗み！」「やっぱ、一山踏むしかないね」と応える者も少なくないのです。殺そうとは思わないけど盗むのはいいよね、と平然と言う同囚の三〇年間とは、一体何だったのだろうかと力が抜けますが、珍しいケースではなく、多くの無期囚の社会復帰及び社会化は難しい問題を内包しています。

社会に家族も知人もなく、スキルもキャリアもなく、年齢は七〇代前後、三〇年間で貯めた作業報奨金は一五〇万円から二〇〇万円、そして何よりも目標に向かって頑張るという情熱が欠けているとしたら、先はどうなるか想像に難くないでしょう。無期囚となったのは自分の責任ですから仕方ありませんが、現在の施設には社会化を促したり、社会での生活に資する教育・訓練が十分でないことも課題です。

私が服役している期間に無期囚の仮釈放出所者は二人でした。その中の一人は、無期囚が仮釈放で出所した後、事件を起こし再収監となり、再び仮釈放となった者であり、純粋に仮釈放になったと言える者は一人だけです。再び仮釈放になった一人は家族がいた為に、生活の心配もなく暮らしているようですが、もう一人は半年も経たずに望ましくない結果になりました。

反省や改悛の情を持たない者は、出所させるべきではないと、常々、私は言っていますが、そうでない者の為に、行政として改善し、社会に対応できる教化をすることを切に希望します。

服役者の立場から言えば、施設としては、無期囚に社会復帰をさせてやりたいとの思いと、すぐに事件を起こして戻ってくるのだから出所させないほうがよいとの思いの狭間で揺れている気がしてなりません。

無期囚は、総じて高齢になってからの仮釈放ですから、平穏な社会生活を営む為には、その時代の社会に合った社会化訓練と出所後の就労・住居の支援が必要です。社会人として努力に欠け、自らの過ちによって長い期間、服役していた犯罪者に対し、国民の税金を遣っての支援は、理解が得られないでしょうが、社会の安全の為のコスト負担だとすれば仕方ないのかも知れません。

第六章　終身刑の致命的欠陥

囚人を「効率的」に使った明治の日本

超党派の国会議員の間で、終身刑を創設しようという動きがあります。平成二〇（二〇〇八）年五月に発足した『量刑制度を考える超党派の会』がそれです。

欧米の終身刑との最大の相違点は、この終身刑には仮釈放がない（絶対的終身刑）ということです。欧米の終身刑のほとんどは、タリフ（最低刑期）が定められ、文字通りの終身刑は、ほんの数ヵ国の終身刑受刑者の中でも限られたごく一部です。今回の終身刑創設の動きには、将来の死刑制度廃止の意図もあるようですが、果たして終身刑、それも仮釈放のない終身刑は刑罰として有効に作用するでしょうか。

終身刑の淵源は、一五八七年（我が国では、豊臣秀吉が奮闘している頃です）、オランダの人道主義者であるディルク・フォルカーツォーン・コーンハートの提案にあります。オランダがスペイン王制の支配から解放された時でした。コーンハートは、「拷問に匹敵する過酷な強制労働をさせる終身刑は、死刑よりも効果がある」としています。

過酷な強制労働は、我が国にもありました。明治中期の北海道開拓期のことです。当時は刑務所が、まだ『監獄』と呼ばれる以前であり、明治三六（一九〇三）年に『監獄官制』が施行されるまで『集治監』と呼称されていました。明治一四（一八八一）年樺戸《かばと》（現在の月形）、明治一五（一八八二）年空知、明治一八（一八八五）年釧路と続き、明治二〇年代に網走、帯広に作られました。そこには毎年四〇〇〇人から七〇〇〇人の凶悪犯と政治犯が本州から送られ、道路工事・炭鉱・鉱山等で使役されていたのです。政治犯の中には群馬自由党を作った宮部襄《のぼる》や、加波山《かばさん》事件の志士である小林篤太郎や玉水嘉一もいました（加波山事件は、福島県令の三島通庸《みちつね》を暗殺しようとして失敗し、加波山で蜂起した事件です）。

炭鉱作業では、腰に縄を付けられ、モルモット替わりに坑内深く吊り下げられたり、一〇時間以上の厳しい労働が課されました。また、北見の道路工事に使われた囚人は、一一一五名のうち九一四名が僅か数ヵ月の間に脚気や水腫にかかり、約二〇〇名が死亡しています。

囚人は、足枷《あしかせ》を付け、重い鎖を引きずりながら働いていましたが、満足な防寒衣もなく、寝る時も寒さを防ぐ寝具類は十分ではなく、酷寒の中に倒れていきました。凍傷で手足、耳まで壊死し、切断を余儀なくされた者が全囚徒の一割以上、さらに獄内にも一切火の気がなかったので、二割の囚徒が寒気から病死したと言います。彼らの防寒具は、樺戸集治監典獄《てんごく》（所長）の月形潔が再三にわたり関係省庁に請求していましたが、なかなか認められず、やっと綿入れの獄衣と股引《ももひき》、冬期作業用の足袋・手袋が支給されたのは、明治二三（一八九〇）年七月の道庁訓令によって、でした。

囚人達の労働について、明治一八（一八八五）年に北海道を巡視した太政官書記官から「北海道三県巡視復命書」が出されており、これを読むといかに囚人の生命が軽視されていたか窺うことができます。提出したのは金子堅太郎です。大日本帝国憲法を起草したり、日露戦争の際にはハーバード大学の同窓生だったアメリカのセオドア・ルーズベルト大統領に講和の仲介を依頼する為に渡米したりした、明治の政治家です。

「彼等は固《もと》より暴戻《ぼうれい》の悪徒なれば、其苦役に堪へず斃死《へいし》するも、尋常の工夫が妻子を遺して骨を山野に埋むるの惨状と異なる」

「斃れ死して其人員を減少するは、監獄費支出の困難を告ぐる今日に於て、万已《や》むを得ざる政略なり」

「囚徒を駆て尋常工夫の堪ゆる能《あた》はざる困難の衝に当らしむべし」
(読み易くする為に、ひら仮名にしました)。

減少するは万已むを得ざる、というのは現在の刑務所にいる受刑者に対して、同じことを課して欲しいくらいですが(私も含めまして)、凄い発想だと思います。当時の囚人には人権も生命権もありませんが、現在の受刑者にも、例えば懲罰中には重労働を課す等すると効果的だな、と夢想してしまいます。囚人が死亡することにより、苦しい国費の節約になるという発想が時代を表わしています。

当時の囚人には、同じ職種の民間人の約半額の賃金が支払われていました(民間の通常の作業夫は、一日四〇銭の賃金でしたが、囚人は一八銭です。しかし、空知の炭鉱は四分の一以下でした)。

真冬の厳寒期に、十分な衣料もなく、道なき道を切り拓くという作業、足に鎖と重りをつけた囚人達、想像するだけで背中に寒気を感じますが、現在の反省のない受刑者には厳しい処遇も必要かもしれない、と感じてしまいます。前著の読者の方が、当時の集治監の食事を再現した写真を送ってくれましたが、白米四分麦飯六分(現在は白米七分麦飯三分)に、ほんの僅かな味噌・若布・タクアンと白湯《さゆ》のみで、これで重労働というのは大変だというのがよくわかります。

欧米の終身刑

現在、先進国で死刑を存置している国はアメリカ、日本、そして先進国かどうか疑問ですが中国です。アメリカは州によって終身刑を導入しているところもあります。

欧米の終身刑は、ほとんどの国がタリフの定められている仮釈放のある終身刑（裁量的終身刑）ですから不定期刑に近く、日本の現行の無期懲役刑と同じようなものです。

全く仮釈放のない絶対的（必要的）終身刑は、アメリカ・イギリスの一部の罪質（主に謀殺罪です）のみに適用され、他の犯罪には仮釈放のある終身刑が科されます。仮釈放迄のタリフは、受刑者ごとに個別に決められている国と、一律に決められている国に分かれていますが、僅か一〇年前後のキプロス、一五年から二二年、特例として三〇年のフランス、一五年から五〇年のドイツ、一五年のオーストリアと、日本の感覚からするとドイツの五〇年以外は、それほど長期ではありません。死刑も終身刑もない国は最高刑が有期刑であり、スペインは三〇年、ポルトガルは二五年、ノルウェーは二一年となっています。

欧米の終身刑の目的は、死刑の代替という他に、凶悪犯の社会からの隔離（特別予防）です。仮釈放にあたって重視されることは、服役中の問題行動の有無と公共に対する危険性の有無ですが、特に後者に重きが置かれています。事犯についての反省や被害者への謝罪という点では、特に重視されているようには感じられません。

私は、被害者遺族の心情や、加害者と遺族の関係について調べるために、日本だけではなく欧米の被害者遺族と加害者のことが綴られている書籍をいろいろ読んでみましたが、宗教の力が強い為か、遺族が加害者を赦したり、遺族と加害者の交流があったりと、両者の関係に於いて反省や謝罪等の問題をクリアしようとしているように思えます。

被害者・遺族と加害者が互いの心の内にあることを表明し、犯罪の傷痕を回復しようという「修復的司法」と呼ばれる試みがありますが、発祥の地である欧米では日本とは感覚が違うようです。公共に対する危険性については、専門の心理カウンセラーの診断も含めて判断されますが、不適格となった場合、年数を経て何度でも審査します。

終身刑の受刑者は反省しなくなる

さて、その終身刑ですが、我が国が創設しようとしているのは、仮釈放のない絶対的終身刑です。狙いは、将来の死刑廃止ですが、この終身刑が仮に創設された場合、裁判官・裁判員は死刑か無期懲役刑かで悩む必要がなくなります。

しかし、終身刑は刑罰として有効かとなると、私は否定します。

ＬＢ級施設にいる私は、殺人犯達の思考の普遍性について知っているつもりですが、ただでさえ反省しない彼らです。終身刑となれば、それこそ外から刺激を与え、反省や改悛の情を促したとしても全く反応しないことは明らかです。出所できず、将来がないのに、どうして反省するのか、ということになるでしょう。本来、将来があろうとなかろうと、自分の醜行について省みることは受刑者としての義務・使命だと思いますが、常に己の利得のみを考えている多くの殺人犯達は一顧だにしないのです。

社会からの隔離という点では、死刑囚と同じですが、死刑囚は自らも死を目前のものとして考量する機会が生じる為に反省する者も現われます（この点については、次章で述べます）。しかし、将来、社会へ出られる可能性がなくなった受刑者達は、罪の意識も省察もなく、自分の非を一顧だにせず、刑を科されるようになった原因である被害者をより一層恨み、弁護人を罵倒し、裁判官・検察官を呪うでしょう。皆さんが考える人間と、受刑者（特に再犯受刑者）の思考と価値観は、本当に別の星の生物のように異なります。

自分に非があることを一切、省みることなく、被害者を憎むという精神性、人の命を奪ったにも拘わらず何の痛痒も感じず、出所すること、目先の楽をすることだけを考えている人間達です。ごく稀に自分の過ちに気が付く者もいますが、両者の差はあまりにも大き過ぎます。

また、人権人権と叫ぶ人達が、その人権を尊重し、死刑を廃止する前提として終身刑を創設することに、強い欺瞞を感じます。社会復帰の希望がないまま長い間生きるということが、どのようなことかわかっていないのではないでしょうか。

ベッカリーアは、刑の強さではなく、長さが大切だと述べていますが、改悛の情のない者にとっては、刑の長さは何らの効力もなく、そのような者に相応しい刑罰は強い刑罰（死刑）です。またフランスでは、終身刑を科された一〇人の受刑者たちが共同で、死刑にしてくれるように司法当局に要望しています。

終身刑は、社会から凶悪犯罪者を隔離する面では死刑と同じですが、死刑囚は常に死と向き合わされます。そこから被害者の立場に思いを巡らせ、真の反省に至る者が、死刑囚の中にはいるのです。終身刑では、受刑者に「死」と向き合わせることができません。当所で長く務めている経験から、そのことは容易に想像できます。人権派と称する人達が気付かぬことでしょうが、本人の改心と更生を妨げる処遇がいかに人権を無視した行為なのか、知って欲しいものです。

殺人犯の私がこのようなことを述べると非難を受けるでしょうが、改心し、自分を悔い改めようとした者は、将来の有無に拘わらず、邪心や欲望や誤った心から脱却し、穏やかな精神の働きを感じられるようになります。自己の過ちに気付き、被害者・遺族のことを考え、人として正しくあろうという試みが、自身の精神に作用し、やっと人間らしい生活への門をくぐったとも言えるのではないでしょうか。なぜ人殺しの自分がこのようになれるのか、不条理とも思いますが、深く悔いて更生を誓っている同囚の中にも、似たような精神の変化を訴える者がいます。大罪を犯した事実と罪は消えませんが、人としてやり直す（社会復帰の有無に拘わらず、です）ことは、自身に対する義務とも思えるのです。

元来、反省心の無い者に終身刑を科すと、彼らの大半は気持ちが弱い為に、他罰的に考え、ますます自己の責務を放棄するようになるでしょう。社会に出る見込みのない者が能動的に生きることは難しく、受刑者という人種は尚のことです。人権や人間の尊厳が大切だという人達は、本当にその意義を実現する気があるならば、犯した罪に見合った刑罰を科すように求めて欲しいと思います。死刑を科す者には、適切な時期を定めて執行し、自らの命を以って責務を果たすようにさせること。そして、それに値しなかった罪の者は無期懲役刑を科し、刑務所で厳しく改善指導するのが、本当に人間らしい処遇です。

刑務所の風紀が悪化する

凶悪犯も本当に人間として扱うのならば、犯した過ちに気付かせ、遷善《せんぜん》を図らなければなりません。刑罰の均衡論からしましても、金品が目的で三人四人を殺害した者、誰でもよかった等と六人七人を殺害した者が、終身刑として生きていることが公正と言えるでしょうか。行為と刑罰が均衡せずに、被害者・遺族感情に対する応報もなく、国民の多くは正義が行われないことを不信に感じるでしょう。何人殺害しても殺されないということは、利得や性欲目的の殺人事件に対する抑止力を現在以上に低下させ、犠牲者を増やす可能性が大です。

複数の被害者を殺害した犯人が、のうのうと生き長らえ、獄の中で暮らすことを、皆さんは許せますか。

そして、終身刑の受刑者が務める刑務所を想像してみて下さい。服役中に再び人を殺しても、その境遇（終身刑）は変わらないと知っている受刑者達のことです。再び社会に出られない終身刑受刑者達が、刑務所の中で、どのような務め方をするのか、目に浮かびます。

終身刑を考えた人には、受刑者を管理する職員にとって、それが精神的にも肉体的にもどれだけ過重な労働になるのかという発想もありません。新しい法律の施行後、職員の指示に従わない者が増えてきましたが、社会に出る可能性がない終身刑の受刑者は、自暴自棄になることが必至です。どれだけ罪を重ねても死刑にはならず、状態が変わることもありません。受刑者にとってそれは、やりたいようにやれ、と言っているのと同じです。

昔から日本の刑務所は、職員と受刑者の間に特異な人間関係が成立し、一定の信頼感によって結ばれ、暴動や職員に対しての暴力事件がほとんどなかったのですが、昨今は受刑者の質も変わり、職員に対する暴力行為も各地で起きるようになりました。何十人という受刑者を、致死力のある武器を携行せず、たった一人の職員（受刑者数が五〇人を超えると、職員は二人になります）で管理していることは、欧米の感覚からすれば信じられないほどの光景です。仮に欧米の刑務所でこのようなことをすれば、武器らしい武器を持たない職員はすぐに襲われ、脱獄事件となるでしょう。

これまで、日本の刑務所がこの方法で管理できたのは、職員と受刑者間の相互信頼関係と、受刑者に社会に出るという希望があり、受刑者がその為に自分を抑えているからです。仮釈放を希望していない有期刑の者も、いずれ満期釈放がある為に、職員に対して反抗的態度を取ることはあっても、長い刑を科されるほど重大な刑事事件を起こすことはありません。

誤解を恐れずに言えば、私のように社会に出ることを放棄しながら、目標や希望を持って、それらを実践しつつ、務めようという受刑者は稀有です。稀有というより、私は自分しか知りません。終身刑になった受刑者が、何かの希望なり使命を持ち、規則を守り、務めるというのは期待し難いことです。それどころか、「もう何をしようとこれ以上悪くならない」と好き放題にし、中には職員に危害を加えたり、逃走を企図する者が出てくるのは必至です。自分を律するもののなくなった凶悪犯を管理する職員は命懸けとなるでしょう。もともと、己の欲望の為には、他人の命など物としか考えられない者が大半ですから、大袈裟な表現ではありません。

また、反省・謝罪・更生の効果も望めません。社会に出られなくとも、自分の罪に向き合うのは犯罪者としての義務・務めと思いますが、終身刑になってしまえば、そのように考える受刑者はほとんどいなくなるでしょう。「将来がないのに何でそんなことを考える必要があるんだ」「一生、塀の中でいることで、反省も償いも十分だろう」……そんなことを言う受刑者の姿が目に浮かんできます。

終身刑は「思考停止」の産物

刑罰の目的が、単に社会から犯罪者を隔離するだけではなく、犯罪者に己の罪に向き合わせ、改善を促すことにもあるのなら、ただでさえ反省しない受刑者に終身刑を科すことは逆効果です。

長年、LB級施設で服役してきた私には、怖いものも社会に出る希望もなくなった受刑者達と、檻の中で勝手気ままに吼えている獣の姿が重なります。そして、自らの怠惰な暮らしが原因で他人の命を奪った殺人犯の命が保証されていることに、法の不公正と人生の矛盾を感じます。

刑罰の均衡を思料するならば、罪質に相応と判断される被告人には、死刑を科すことが法の精神に基づく公正な裁きです。犯罪の抑止力という点では、死刑と終身刑の顕著な差異は出ないと思いますが、社会正義の実現の他にも、被害者・遺族の応報感情を満たす意味で、死刑の存在は大きいものがあります。

終身刑を創設しようとしている人が、死刑判決の抑止や減少、そして将来的に死刑廃止を視野に入れているとしたら、あまりにも安易な思考です。また、第三者的な視座というか、「他人事」ゆえの偽善的思考が感じられてなりません。

死刑も社会復帰がない刑ですが、罪質を鑑みた時に、刑罰としての均衡と応報感情をある程度は満たします。また、死を身近なこととして見つめるようになった死刑囚の中には、被害者の立場に自分を置き換える等の理由により、反省する者も現われるのです。

終身刑が導入されれば適用範囲が広くなることが予想できますが、終身刑は司法と行政の思考停止を加速するだけで、事態の改善には寄与しません。

第七章　死刑は「人間的な刑罰」である

私が出会った二人の死刑囚

我が国では、死刑存置派と死刑廃止派が、互いに論陣を張って久しいですが、「厳罰化」を望む世論も反映してか、近年は死刑判決が増えてきました。平成一二（二〇〇〇）年以降、地方裁判所での死刑判決は二桁を超えています。

私自身は、社会にいた頃から、死刑存置という考えを持っていましたが、それは根強いものではなく「複数の人を殺した者は、やっぱり死刑だろうなあ」という程度のものでした。日常生活の中で、死刑について関心を向けたり話したりする機会は稀でした。「皆無」ではなく「稀」と言いますのは、他界した、何事にも極端な父と、死刑相当と思われる事件が起きた際に話題にする時があったからです。

父は、人を殺した奴はとにかく死刑にしてしまえ、すぐに執行しろ、という人でした。父は相手と話し合うという習慣を持たぬ人で、常に自分が一方的に喋り、自分の意見が正しいと考えていましたし、条件付きならこうするという言い方も一切しません。

そんな父ですが、私の判決が死刑も有り得ると知った時に、死刑は廃止だ、と拘置所の面会室で言いました。その時まで父が意見を変えることはありませんでしたので、息子の私に過剰な暴力と過剰な愛情を注いで育ててくれた父が、そう告げた時には心底驚きました。

一方、私は決めたこと、発言したことは、損得の影響を受けることなく貫徹することを信念としていましたから、父に向かって、「何を言っているんだ。死刑存置派の癖に。もし、自分が死刑ならそれも仕方ないことだ」という旨の言葉を返しました。後で気の毒なことを言ったと反省しましたが、親心というのを覗いた気がしました。

拘置所にいる頃の私は、死刑か無期懲役刑かという重大な刑を予定されている被告人でしたので、自殺予防や動静に注意を払う為に、死刑囚と同じヴィデオカメラとスピーカーが天井に設置されている第二種独居房に入れられていました。隣にいる死刑囚達（死刑囚は執行まで拘置所で過ごします）の日々の生活も知ることができ、運動の時には別々の鳥カゴ（ケージ）でしたが、立会の職員を仲間に入れて話ができました。

私が話をしたのは二人の死刑囚で、そのうちの一人は私が営んでいた金融業の関係で知っている人でした。社会にいた頃のその人（Aさんとします）は、急に経済的に豊かになり、飛ぶ鳥落とす勢いという形容が相応しい人でした。狭斜《きょうしゃ》の巷《ちまた》で見るその顔は生気に溢れ、眼が炯々《けいけい》と輝き、精悍な表情だったことを記憶しています。拘置所で会った時は、複数の人を保険金を騙し取る目的で殺害し、死刑が確定して五年目くらい（事件からは一〇年くらい後です）でしたが、ガラリと人相が変わり、五〇代前半の筈なのに六〇代後半に見え、目の光も消え、すっかり好々爺然となっていました。人間がこれほど老いるものなのかと目を疑うほどでした。

もう一人の死刑囚（Bさんとします）は、係争中で、私が服役して七、八年目に確定したことを新聞で知りましたが、当時、私より一〇歳ほど上の四〇代でした。Bさんは意気軒昂で、裁判も闘争のようなものと笑いながら話してくれました。

二人共、私がまだ若いので、無期だといいね、と言ってくれましたが、私は本当は死刑が希望で、拘置所で本を読みながら生活し、父が他界するようなことがあれば、さっさと執行して欲しいと言ったところ、Aさんは強い口調で、死刑はダメだ、死刑は……と呟いたのでした。外の運動場から居室に戻る時でしたので、私とAさん、Bさん、職員二名の五名が仲良く遠足のように歩いていましたから、Aさんの表情がよく見え、その時の淋しそうな顔を覚えています。

私の裁判は、いつも、時間がかかり、夕方に拘置所に戻りますと二人の居室の前を通って自室に入ります。時刻は午後五時から五時二〇分くらいの間です。死刑囚の二人の居室での様子は対照的でした。

Aさんは、必ず廊下に背を向け、数珠を手に正座をし、頭を垂れて一心に拝んでいました。私が連行係の職員に尋ねますと、毎日、必ず一時間程、合掌し拝んでいるとのことでした。Bさんは、裁判を闘争と呼び、職員を権力の何とかと呼んでいるような人ですから、調書や罫紙（訴訟用）と格闘し、廊下を歩く私を見ますとニヤリとします。

二人共、殺害している人数は、一人や二人ではなく、世間の基準では『極悪非道の凶悪犯』です。ところが、Aさんの姿を何回も見ていますと、すっかり改心し、被害者達の冥福を一心に祈っていることは誰の目にも明らかでした。本当に仏様のような表情になり、これが自分の知っているAさんかと信じられないくらいに変貌していたのです。

その点では、Bさんには変化はなく、反省とも無縁で、日常の生活でも、職員に無理な要求を繰り返す面もありました。ただ、私やAさんには親切であり、礼儀も弁《わきま》えていましたので嫌悪感はなく、好意を持って接していました。

後から思い直しますと、何人も殺している人に対し、仲良く話すということは、私がAさんやBさんの事件の当事者ではなく、相手が犯罪者・殺人犯だという嫌悪感がなかったことを示しています。

Aさんについて、私達の棟を担当する職員と話した時に、死刑囚でもあそこまで反省し、毎日、拝んでいる者は初めてだと聞きましたが、その様子だけを見ていますと、多くの人を殺した極悪人にはとても思えませんでした。私は職員に、あそこまで改心していても、その日が来れば執行されて別れなくてはならないのは辛いでしょう、と言うと、もうすぐ定年退官を控えた温厚な職員は、おお、情が移っちゃってなあ……と呟きました。Bさんみたいな人が相手なら、まだ情が移ることもないですかと訊くと、職員は、若い連中は嫌われている（Bさんに）のを知ってるだけにそうでもないだろうが、奴には未来がないからな、それを考えると頑なになるのもわかるよな、気の毒に……と淋しそうでした。

死刑囚との対話

私達、第二種独居房の住人は、心情の安定を図る、ということで、他の被告人に比べ処遇が緩く（逆に死刑囚には厳格という所もあります）、立会の職員を中に入れて、運動中はさまざまな話をすることができました。そのおかげで、知りたいという人間の根源的な欲求が病的に強い私は、死刑囚であるAさん、Bさんの了解を得て、いろいろ訊くことができたのです。

扇型に放射状に広がっている独居用の狭い運動場（大体、畳四、五枚です）で、互いを隔てるのは二メートルくらいのコンクリートの塀だけであり、扇の要の位置の高さ二メートルの所に、温厚な職員が笑みを湛えて立っています。初めに、答えづらいこともあるかもしれないが、と前置きをしたところ、二人共、何でも訊きなさい、美達さんは訊くのが本能なんだろう、と職員と一緒に笑っていました。

その通りなのです、私は今でも知らないことだらけでして、尋ねる程に疑問が増える厄介な性質なのです。小さな頃から、母に「どうしてちゃん」と呼ばれ、結婚後も家人に「何でよ君」と呆れられていたのですが、訊くだけではなく検証しないと気が済みません。

まず、Bさんに、どうして反省しないのかと問いました。

「俺は事実認定に納得していないからね。亡くなった人には悪いけど、運が悪かったとしか言いようがない。控訴し、上告しても、どうせ刑が変わることはないだろう。死ぬなら、それでいいじゃないか。遺族も俺が処刑されたら、気が済むだろう」

係争中のBさんは、普段と変わらない、淡々とした口調でした。Bさんは、私やAさんと会う時は常に微笑を浮かべていましたが、塀の向こうでそんな表情でいることが窺えるようでした。当時の私も、判決はどうでもいいから、事実についてやったことと違うことだけをはっきりしたいという意向を持って裁判に臨んでいたこともあり、なるほどと思って反論することはありませんでした。今だったら、それはどうですか、と議論しているところでしょう。

次は、Aさんに尋ねました。

「今のように反省し、被害者の冥福を祈るようになった、きっかけは何ですか」

Aさんは、いつもののんびりした口調で、考えながら訥々と話し始めました。

「死刑だって思ったことかな……俺も死ぬんだってな。考えたことなかった、自分が死ぬことは。いつか死ぬのはわかってたけどな。自分の番がすぐに来るなんて……それからだ、相手のことを考えたのは」

「Aさん。もし、死刑でなかったら、相手のことは考えなかったですか」

「わからん……うーん、たぶん、考えないかもな。娑婆に出られる訳だしな……いや、考えたかなあ……何とも言えんな」

「死刑を意識したのは、いつの時点ですか」

「うん、パクられてからだ。刑事に言われたのもあるし、あれだけ何人も殺ってたら、それ以外、ないよなあ……ハハハ」

　最後の笑いは、力なく、自嘲気味でした。

「何人も殺している間ってのは、一年以上にわたってですが、その間は何か考えたことはないのですか」

「うーん、ないな……もう、止まらんかった。一人殺る度に金がどさっと入ってくるし、自分が天下を取った気分になってな。バレるとは思いもしなかったし、バレたら終わりだからなあ……。狂ってたんだよなあ、今から思うと」

　この日の夜に、私はAさんの話を、床に入ってから何度も反芻しました。それだけ、Aさんの変わりようが激しかったからです。このAさんの言葉は、その後、ずっと脳裏に刻まれています。

　この時に、私の心の内で、被害者の立場について、私に殺された恐怖や苦痛を慮ることができたならば、もっと早くから本当の反省に移行したでしょうが、愚かにも気が付かず、Aさんの言葉ばかり考えていたのです。

次の運動の際に、また、質問しました。

「Aさん。先日の件ですが、自分の死刑を意識したら、すぐに相手のことが浮かんだのですか。そのことを考えていたら、疑問に思いましたので」

「……うーん、すぐじゃない。何て言ったらいいか、うまく言えんけど、自分が死ぬというより、バッタンコ（執行のことです）されるよな。俺が殺されるってことだな、そうだろ。そう思うと、暫くしてから相手のことを考えるようになった訳だ」

バッタンコという単語を聞いた時に、一瞬、執行されるAさんの情景が浮かびました。

その後、私の裁判が終わり、服役する迄の間、途中でAさんが違う棟に移ったりしましたが、いろいろと話をしました。自分が処刑されることに対しては、当然と言っていましたが、所内での日用品購入の際に、いつも来週の分を買うことに、戸惑いがあると笑っていました。

死刑執行は、平日の主に午前中に職員が何人もで迎えに来るので、その時間帯には居室の整理をしておくこと、特に理由はないが天気と景色（獄窓から見える）をチェックしておくことが習慣になったと言います。私も共感し、毎日、その時間帯には、意識を廊下に向かわせるようになり、職員の足音に耳をそばだてるようになったのです。

Aさんは、私が服役後、数年を経て執行されました。

Aさんは、日用品購入で、いつもリンゴ等の果物を買い、よく磨いているせいか、ピカピカに光ったリンゴが居室の棚に並んでいましたが、当所で食事にリンゴが出る度に、力の抜けた笑顔と、数珠を手にして拝んでいるAさんの姿が胸に去来します。

死と向き合うことが改悛の情につながる

私は、拘置所の暮らしの中で、死刑になった自分を想像することが習慣となっていました。また、死刑と死刑囚に関する本を沢山差し入れして貰い、死刑囚が何をした人達なのか、日頃は何を考えて暮らしているのか知ろうとしました。

私は確信的に被害者の命を奪った挙句、自分の希望を失ったこともあって、極刑を望んでいましたが、小さい頃に、あるきっかけがあって死について考えることが多かった為に、恐怖や嫌悪という感情は全くありませんでした。裁判官が、極刑を相当だと処断するなら、それでいいな、と淡然としたもので、職員も私の心情が安定していることを安心して、見ていたものです。

当時、死刑囚に関する本を読んで、死刑囚には反省し、改悛の情を示す者が、私の想像した以上にいるという印象を受けました。勿論、反省しないどころか遺族に悪態をつく人非人もいましたが、私は、死刑になるのだから仕方ないな、というくらいに思っていたのです。

裁判の終盤に、私にとって被害者の立場を痛烈に意識することがあり（そのことは前著に書きました）、私の反省は自分視点から被害者視点になりましたが、その後すぐに服役生活が始まりました。

自身も含め、殺人犯達の反省や更生について、多くの者を見たい、知りたい、参考にしたい、という思いを胸に務めましたが、反省する者がほとんどいないことにカルチャーショックを受けました。既に、これまで叙述してきましたが、自分の身勝手さで被害者を殺害し、そのことを恬《てん》として愧《は》じず、剰《あまつさ》え被害者を罵倒・非難する同囚に唖然とさせられる毎日でした。

私が反省について訊きますと、ニヤニヤとして、私の顔を見て、こう言う者もいました。

「美達さん、意外と堅いですね。大丈夫ですよ、同囚同士、反省なんて言わなくても仮釈（放）には関係ないですから」

「マジですか!?　反省なんて考える奴、いないですよ、ハハハ」

「反省はいりません。だって、自分らは体で代償払ってんですからね」

挙げたらキリがありませんが、針小棒大に述べているのではなく、在るがままに、を心掛けると、こうなるのです。もっと具体的に言いますと、反省している者は一、二パーセントというのが、せいぜいです（二は多すぎるかも知れません）。本当に、皆さんにこの真実を知って欲しいと切実に思っています。

受刑者の頭の中は、社会（娑婆に出ること）で一杯であり、自身の犯行と被害者・遺族について考察することはありません。絶えず、自己の利益だけが関心事であり、出所後も前非を悔いることなく、金の為、得する為、己の欲望を満たす為に、新たな犯罪の策略を巡らせています。

このような同囚を見ますと、心の内で、自分はこうなってはいけないという決意と、量刑の軽さに対する思いがむくむくと湧き起こります。無期囚には、論告求刑が死刑だった者もいますが、首が繋がったせいなのか、自分の所業を一顧だにしません。殺された被害者の境遇と比べますと、何と、不条理なことかと感じます。

そのような生活が続き、私は、何となく死刑は、あった方がいいという思考から脱し、絶対に必要だと確信するようになりました。

「世界の潮流だから」は理由にならない

死刑という刑については、存置派と廃止派がそれぞれの主張をしていますが、互いに相手のロジックを虚心に検討することは少なく、性格・思想・価値観等、個人に内在する要素によって意見が分かれています。

世界的に死刑廃止の流れになっているという理由で廃止を求める声があります。ヨーロッパでは、昭和五八（一九八三）年に『ヨーロッパ人権条約第六議定書』により、死刑廃止が宣言されています。平成元（一九八九）年には、国連総会に於いて、『国際人権（自由権）規約第二選択議定書（死刑廃止条約）』が採択され、平成三（一九九一）年に発効しました。

国際人権規約委員会は、平成五（一九九三）年一一月、平成一〇（一九九八）年一一月に日本に対し、死刑の廃止と死刑囚の処遇の改善を勧告し、その後も勧告を繰り返しています。平成一四（二〇〇二）年六月には、欧州評議会によって日本・韓国・台湾に対して、死刑廃止に関する決議が採択され、死刑を廃止するか、執行停止をするかが要請されましたが、日本は森山法務大臣が、「存廃は各国の諸事情をふまえ独自に決定すべきであり、世論や犯罪状況に照らし廃止は適当でない」と回答しています。

平成一九（二〇〇七）年、国連総会で死刑執行の一時停止（モラトリアム）を求める決議が採択されていますが、平成二二（二〇一〇）年の内閣府の調査では、国民の八五・六パーセントが死刑の存置を認めているという結果が出ていますように、我が国では死刑の存置が望まれています。

我が国と欧米では犯罪や犯罪者に対する世間の感情も異なることに加え、宗教を背景とした死生観にも差異があり、単純に世界の潮流ということで、検討もされずに廃止ということは甚だ疑問です。

死刑廃止派の人は、頻りに加害者の人権について論及し、その帰結としての廃止を唱導していますが、加害者の人権とは、どんなことをしても加害者は生きていられるということなのでしょうか。生命の尊重と言うならば、被害者の生命は、既に亡くなっている以上、尊重されないというのでしょうか。

加害者の人権や、死刑囚にも人権があるというわりには、被害者の人権（生命権）と遺族の人権への配慮が欠け、被害者・遺族が軽視され過ぎています。この点については、何人かの廃止派の論者自身が、後になってから被害者と遺族の立場を考慮していなかったことを吐露していることもありましたが、その通りです。

憲法では、第三一条に、このような規定があります。

「何人も、法律の定める手続によらなければ、その生命若しくは自由を奪はれ、又はその他の刑罰を科せられない」

これは、法律の定める手続があれば、生命若しくは自由を奪われる刑罰を科してもいいということです。生命を奪われる刑罰というのは、当然、死刑を指します。

また、廃止派の人が、必らず言うことの一つに、死刑は残虐な刑罰であるというフレーズがあり、これまた、約束のように存置派も、昭和二三（一九四八）年三月一二日の最高裁大法廷の判決を援用し、死刑は、残虐な刑を禁止している憲法第三六条には反していないとなります。

日本の死刑は、明治になってから法律の定めによって、絞首刑とされました。絞首刑の淵源は、王制時代のイギリスにありますが、それまでの磔《はりつけ》・鋸引き・獄門・斬首等に比べ、苦痛が少なく、残酷ではないとされています（刑法第一一条「死刑は、刑事施設内において、絞首して執行する」）。

江戸時代の磔や鋸引きは、想像しただけで痛さが伝わってきますが、絞首刑が残虐かどうかについては、これも有名な古畑鑑定があります。これにより残虐ではなく、苦痛も少ないとなっています。絞首刑による処刑は、自体重の落下による衝撃で、舌骨・甲状軟骨が折れ、首の周りの筋肉の断裂を伴い、脳に繋がる神経の通る頸髄も断裂させ、瞬時に意識を喪うということになっています。

これに関しては、経験者が語ったことではありませんから、疑問の声もあるのは否めません。しかし、絞首による死亡は、これまでの鑑定や定説の通り、他の執行法に比べて苦痛が少ないとは言えます。万一感じたとしても一瞬のことであり、被害者が殺害された凡百の方法より、苦痛はないでしょう。

人間には、侵されざる人権が備わっていることは承知していますが、死刑を科される程の残酷な殺人を犯した死刑囚の人権ばかりが尊重されることに、不可解さも感じます。

犯罪抑止効果は条件によって変わる

また、存廃論議の中で必らず引き合いに出される犯罪抑止効果ですが、種々の研究に於いては実証されていません。存置派は抑止力があると主張し、廃止派はないと主張していますが、私は条件によって効果の有無が変わると考えています。

全く予期することなく、不意に激情にかられて殺人を犯している場合には、抑止力はありません。この場合には、たとえ八つ裂きにするという刑罰があっても、犯罪を抑止することは難しいでしょう。

補足しますが、殺人犯である加害者が、警察・検察の取り調べや法廷に於いて、いかにもという素振りで、衝動でやりました、夢中でやり、気付いたら死んでいました、殺す気はなかったです、等と陳述する九割は嘘です。最初の一撃では殺意はなかったとしても、その一撃だけで死亡している被害者はほとんどいません。何回も何十回も殴打や暴行を繰り返していますし、その時間は数分間から、一〇分、二〇分になる時もあります。殺意がなく、激情の波に呑まれて暴行したならば、それだけの間暴行を反復することはないでしょう。途中から明確な殺意、或は殺すかもしれないという未必の故意があったのは間違いありません。

この点は、私が何十人もの同囚を厳しく取り調べ（！）しましたので間違いありません。

「裁判では、つい、カッとなってとか、殺す気ではなくて、とか言っただろう」

そう問うと、ニヤリとしながら、当然！と応えるのが常でした。これは受刑者にとって当然のことです。真偽のほどは不明ですが、中には弁護人に示唆されたと弁解する者もいました。

殺人は、刃物を使用したとしても、物で殴ったとしても、絶息するまで時間がかかります。本当に初めから終わり迄、夢中で殺人ということに気付かなかったというケースは稀だと思います。最初に殺意がなかったとしても、犯行途中からは、捕まりたくない、刑務所へ入りたくない、被害者に対して怒りや憎悪が湧いていた等の事情で、殺さなくてはならなくなったのです。

しかし、この時には、犯人は、死刑になることは想定していません。理由の一つは、刑罰のことなど考えられないからであり、次の理由は、なぜか捕まらないと思うからです。刑罰は、犯行によって科されるのではなく、逮捕され、起訴されてから科されるのです。加害者達は、杜撰な計画や無計画な犯行を重ねますが、捕まるとは思っていない為に、死刑の抑止力は作用しません。

しかし、これだけで、すぐに死刑に抑止力がないと判断し、主張することは誤りです。皆さんも、メディアを通して知っていると思いますが、死刑が怖い為に自首をして、未解決の凶悪犯罪が解決された例があります。また、初めから確信犯的に殺人を実行する暴力団員たちの間では、昨今の死刑判決の多発により、何人も殺して捕まったら死刑だからここまでで止めておこう、という者がいます。

受刑者には、もう高齢だから次の山（犯行のことです）は捕まったら死刑になるくらいの大きな山を、という者もいますし、その逆の者もいます。他者の生命は紙屑のように捨て、良心の呵責もない受刑者ですが、自分の命には敏感に反応します。捕まる可能性を考慮する者は、死刑を忌避することから、一定の抑止力はあると言えます。

そしてもう一つ、死刑の抑止力を有効にできない理由は、「適用の基準が曖昧」という点です。人によっては、一人を殺した以上もう死刑だから何人殺しても一緒という考え方もありますし、二人殺しても死刑にならないという考え方もあります。

死刑の適用には、前述した『永山基準』を参考にすることが多いですが、抽象的な文言があり、素人には理解が難しいものとなっています。これを明確にすれば、抑止効果は上がると思います。裁判官によって死刑と無期懲役刑にぶれることのないように、早急に基準を作るべきです。国民の誰もが理解できて、判断できるような基準が設定されたならば、裁判官も裁判員も悩まずに刑を科せます。重大な刑罰と呼ぶならば、尚のことわかり易さを求めるべきではないでしょうか。

冤罪の問題

廃止論者が主張する問題として冤罪があります。

たとえ一人であろうと冤罪者を出さない為に、残りの九九人の死刑を廃止せよ、という論調ですが、これに対して、ラディカルな存置論者は、九九人の殺人犯を助けるくらいなら、一人くらいの冤罪は致し方なし、と言います。

私はどちらにも与《くみ》しませんが、ラディカルな存置論者の弁は、とんでもないと思っています。一人といえども無辜の人を犠牲にすることは絶対にあってはなりません。冤罪をなくする努力をするしかなく、どうしても疑いが残るならば、法律の精神に従い、被告人の利益にすることです。

冤罪は、一般に初動捜査が不調に終わること、捜査員の思い込みと情熱の強さ、被疑者の迎合的性格・気の弱さ、物的証拠と供述調書の検証不足が原因です。『取調べの心理学』の著者のレベッカ・ミルンは、「虚偽自白に共通する最大の原因は、被疑者が罪を犯していると決め込んだ警察官の過剰なまでの熱意にある」と述べています。

現在の警察の取り調べは、悪党の同囚達に尋ねましても、常時、明白な暴力を行使するのは、西日本の某県の暴力団担当ぐらいしかいないそうです。そこでは暴力団員達も、取り調べ時の暴力はある程度は税金のような物（当人達の弁です）と割り切っていますが、他の殺人犯達も、ほとんど暴力を受けたことはなく、有ったとしても髪の毛を引っ張られる、座っている椅子を蹴飛ばされる、耳を引っ張られる、頭を真上から軽く叩かれる等、一過性であり、身体へのダメージはないと言っています。

私の取り調べも友好的であり、二人の刑事（両人共、年輩の警部補でした）は親切で、こちらが恐縮するほどでした。昔の警察（昭和四〇年代前半迄のことです）ならば、そのような暴力的な取り調べも多かったと、懲役歴を合計して三〇年四〇年の先輩達は懐しそうに話していますが、平成に入ってからは聞いたことがないようです。

近年、問題となった冤罪事件も、取り調べ時間の長さと、髪の毛を引っ張られるなどの行為が原因の部分が大きいようですが、当事者本人も自ら語っているように、取り調べに迎合的で自分から供述を作った部分もあるようです。虚偽の自供の原因は、刑事の取り調べだけではなく、被疑者の性格も関係した両者の組み合わせにもあるように思います。犯罪の被疑者には、知能・精神・肉体に何らかの問題を抱えた者も多いので、被疑者の事情に即した取り調べが望まれます。どうあれ、捜査方法の適正化を厳守し、冤罪を生み出さないようにしなければなりません。

「犯行の態様」を熟視せよ

死刑の存廃・必要性について考察する際に、常に欠けていると感じることがあります。それは、死刑と死刑囚については語られますが、肝腎のどのような罪質・犯行態様の為に死刑を科されたのかという検証がないことです。

この先を読まれる際には、不快になるかもしれませんが、できましたら辛抱してお付き合い下さい。特に、死刑廃止を支持する人には、読んで欲しいと思います。これは、私が新聞と書籍からピックアップしたものです。全て、加害者は男であり、死刑を科された事犯ですが、皆さんも何となく聞いたことがあるかもしれません。

（一）　強盗強姦殺人・強盗殺人・死体遺棄、損壊。加害者五〇代。被害者三〇代女性一人、五〇代女性一人。

好意を持っていた女性に交際を申し込み、断られたことに怒り、顔面・頭部を乱打し、剝ぎ取った衣服を首に巻き付け数分間絞め、死亡確認後、死体を屍姦陵辱して性欲を満たし、死体から金品を奪い、死体を湮滅《いんめつ》する為に焼却し、遺骨を埋める。

その後、行き付けの飲食店（住居も兼ねる）に侵入し、金品を盗もうとして物色中、就寝中の女性を認め、強姦しようとしたが大声を出された為、両手で首を数分間絞め続けて殺害。念の為に電気コードで首を絞め、殺害後の陰部を弄んだうえ、屍姦しようとしたが、排泄物を見たので未遂。その後、時計、指輪等を奪った。

前科・前歴なし。勤勉であり、正業に就き、普通に社会生活を営んでいた。

（二）　殺人・詐欺。加害者四〇代。被害者二〇代女性一人、一〇代男性一人。

保険金を騙し取ろうと計画し、以前、同居したことのある女性に精神安定剤を服用させ、熟睡している女性を浴室に運び、浴槽の湯に顔をつけて殺害し、保険金約一五〇万円を騙取《へんしゅ》。同じく保険金を取る目的で、幼少の頃から養育してきた男性を、用水路の中に入れ、顔面を押さえて水死させ、約一〇〇〇万円の保険金を騙取。
服役歴一〇回、計二四年間服役。

（三）強盗殺人・死体遺棄。加害者三〇代・二〇代（二人）。被害者六〇代男性一人。
遊興費目的の為、犯行を計画し、資産家である男性を刃物で刺して重傷を負わせ、現金約一〇〇〇万円を脅し取り、医者を求める必死の哀願を無視し、苦しむ男性を約一五時間放置。その間に二〇〇〇万円の金を家族に用意させ奪おうとしたが失敗。その後、男性を計画通り殺害。死体から首、両脚を切断し、船に乗って海中に投棄し、奪った金は飲食代とした。加害者らは、飲食店を経営し、生活に不自由はなかったが、働くことを厭うようになり、一攫千金を狙って犯行に及ぶ。

両名共、前科なし。

（四）殺人未遂・殺人・死体遺棄・詐欺。加害者四〇代（暴力団員）。被害者三〇代男性一人（未遂）、四〇代男性一人。
生命保険騙取を目的として、男性を車で轢き殺そうとして重傷を負わせるが、未遂。

四ヵ月後、別の男性を車内で絞殺し、死体を近くの草地に放置し、保険金一〇〇〇万円を騙取。

服役歴一回。

(五) 強盗殺人・現住建造物等放火。加害者二〇代。被害者一〇代女性二人。

覚醒剤の購入資金を得る為、空き巣に入ったが、予期したほど金がなかった腹いせに、犯行を隠蔽する為、灯油を撒き放火。その後、まとまった金を得ようと泥棒に入り、一〇代前半の娘しかいないことを確認し、無抵抗の少女二名の胸部を包丁で滅多突きにして殺害後、金品を盗み、灯油を振りかけ放火。

服役歴は少年院一回。暴力団事務所に出入りし、正業に就いたことはなし。

他にも、生きたまま被害者をドラム缶に入れ、灯油をかけて焼き殺した等、残虐以外の形容が見付からない事件は枚挙に遑《いとま》がありません。死刑を科される犯罪態様とは、このようなことを指します。もし、この中の被害者が自分の家族だとしたら、皆さんはどのように感じるでしょうか。こうした加害者が生きていることが「公正」と言えるでしようか。

遺族の苦しみは一生続く

刑罰の役割には、国が被害者・遺族に代わって、加害者に報復するという性質もありますが、これは被害者・遺族の被害感情の為だけにあるのではありません。社会秩序・正義の実現と回復の役割も担っているのです。

犯罪の被害者となり、大切な家族を喪った遺族は、悲痛な叫びをあげています。

「どうして、あの子（あの人）が死ななければならないの」

「家族を返して」

「うちの子は、父親の顔を知りません。お父さんは、どこへ行ったの、と淋しそうに言います」

遺族の叫びは一生続きます。理不尽な犯罪で殺された被害者に思いを馳せる時、「死刑は不要」とは考えられません。何の過失もない人を二人、三人、四人と冷酷に殺す加害者に、死刑以外の刑罰が考えられるでしょうか。

刑罰の大原則である行為と量刑の均衡を考量しても、世の中には死刑を科すことでしか処断できない犯罪があるのです。現在の判例主義が反映された量刑では、軽過ぎると思います。軽過ぎる刑、一見すると人道的に思える刑は、そのまま社会防衛上の危険となり、皆さんがその危険性を負担しなければなりません。

「命を奪い、或は奪おうとする程安全を侵した場合、それは死に値する」

『法の精神』を著し、三権分立を提唱したモンテスキューはこう言いました。殺人という理不尽な被害に遭った被害者と遺族に対して、救済しよう、いくらかでも応報感情を満たしてやろうという刑罰がなければ、法の下での正義とは何なのか、ということになるでしょう。

死刑を求刑され、免れた者達が、己の罪を省みることもなく日夜、明るい雰囲気となった刑務所で笑って過ごしていることが、正しいことなのでしょうか。死刑を科されたからこそ自らの死に目を向け、殺された被害者の立場に共感し、悪の汚辱に満ちた心を救う者がいるのです。

死刑廃止派の人は、亡くなった被害者は加害者の死を望んでいないと言いますが、本当にそうだと言い切れるでしょうか。私は、唐突に、そして凄惨に人生を断たれた被害者の多くは、加害者の死を望むと信じています。加害者の死によって被害者が生き返ることはありませんが、大半の遺族は、「心に一区切りがついた」と語ります。これで墓前に報告できて、ホッとしたとも言います。

死刑廃止派の人が使うレトリックには、いつも、被害者・遺族の視点が抜けている気がしてなりません。全体から比べれば僅かしかいない、加害者を赦している遺族のケースを普遍的であるかのように挙げています。

被害者が、加害者の死を望むかどうかについては、いずれも推測でしかありません。ブラック・ジョークではなく、仮に自分が利得や性の欲望の為に殺害されたなら、加害者に対して死を望むかどうか、生前に希望を申告しておいたらどうでしょうか。裁判では、当然、それを被害者の意見として参考にするのです。殺害方法・動機によっては、法の正義を満たす為に、遺族の意志に拘わらず、見合った刑罰を科さなくてはなりません。その為にも死刑という刑罰は不可欠です。

粛々と執行せよ

死刑囚が罪を悔い、改心し、被害者の冥福を祈るのは当然のことです。そのことが罪を減じる理由にはなりません。犯罪への深い悔悟の念と、被害者・遺族への謝罪により、死刑囚が人間性を回復し、そのことを第三者が評価したとしても、過ちの責任をとって刑に服することは当然の報いとして残ります。厳密に言えば、仮に遺族が赦そうとも、被害者の命を奪った事実は消えず、罪自体の重さは不変です。

加害者として、その責任を取り、罰を受けなくてはなりません。

「相手は誰でもよかった」

「人を殺してみたかった」

「悪いと思っていない。寧ろ、ざまあみろと言いたい」

「自分も死にたかったが自殺できなくて、人を殺せば死刑になると思った」

このような加害者達には死刑という刑罰が絶対に必要です。

事件後の遺族達は、日常生活で笑えるようになるまで、相当の長い期間が必要だったと語っています。

「人の死を望むことは間違ったことだと思いますが、まだ小さな子を残して、突然、殺されたことを思うと、どうしても犯人には生きていて欲しくないのです。私も、こんなことを言うのは辛いですが」

ある遺族が、法廷で述べた言葉ですが、第三者は、言葉の奥に秘められた思いを知ることはできません。残された遺族にとって、死刑と無期懲役刑では天と地ほどの差があり、その後の人生にも強く影響するようです。

「執行されても赦さないが、納得する。新しい人生を歩いていく区切りになる」

事件の時から時間が止まったままの遺族にとって、死刑という刑は、たった一つの精神の支えなのかもしれません。

多くの加害者は、理論的には更生できる可能性を持っています。しかし、その可能性があったとしても、行った行為を鑑みた場合、更生とは一切関係なく断罪されなければならない時もあります。

死刑という刑罰に対して考えることには、もう一点、密室性の問題がありますが、情報公開については討議の必要があると思います。他国のように、その執行の様子を公開することは国民が望まないでしょうが、被害者遺族が希望するならば、立会いを認めたりするくらいは考えても良いのではないでしょうか。フランスの哲学者ジャック・デリダは、非公開の我が国の死刑は死刑とは呼べないと言いますが、現在の国民感情は、死刑の存置を望んでも、執行は見たくないでしょう。

死刑廃止派には、国民が死刑を認めているのであれば、国民が自らの手で執行すべきと主張する人もいますが、詭弁でしかありません。国民が、その法の執行を全て自らの手で実施しなくてもよいように、国家は税を徴収し、専門の従事者を使用しています。世の中には、そのことを望みはするが自分は関わりたくないことが沢山あります。ただ、死刑執行人を公募してみたら、案外多数の応募があるかも知れません。

　死刑制度がある以上、その執行は粛々と行うべきです。法律では確定後、六ヵ月以内に執行することとなっています。しかし、現実には執行まで何年、何十年とかかり、一〇人以上を殺害したにも拘わらず十数年も執行されない者もいます。

　行政は法律を尊重して、執行を恣意的に遅らせたり、停止することも避けるべきです。刑事訴訟法第四七五条では、死刑の執行は法務大臣の命令によるとありますが、死刑判決という司法が決定したことを、行政が個人の恣意判断によって無視するのは許されないことです。仮に、死刑制度に反対の意向を持っていたとしても、その職に在るならば、法律を遵守して職務を遂行すべきであり、それができないのなら職に就くことを辞退しなければならない筈です。

　被害者の遺族には、加害者の執行がある日まで自身が生きていられるか、不安と焦燥の中で暮らしている人が沢山います。高齢の身で、積年の悲しみと疲弊しきった精神を抱え、被害者の墓前に一つの区切りを報告する日が訪れることを、残された自らの寿命と対峙しながら、一日千秋の思いで生きている人のことを知って欲しいと思います。

第八章　無期懲役囚から裁判員への実践的アドバイス

「再開」した裁判員制度

平成二一（二〇〇九）年五月二一日より裁判員制度が始まりました。

戦前の陪審制は、国民に参政権はあるのに、司法には参加できないことに対して、平民宰相と呼ばれた原敬が提案したものです。法律は大正一二（一九二三）年に成立し、昭和三（一九二八）年に施行されています。これが、昭和一八（一九四三）年に戦時特別立法によって停止されていました。

「陪審法ハ今次ノ戦争終了後再施行スルモノトシ其ノ期日ハ各条ニ付勅令ヲ以テ之ヲ定ム」

つまり、時期が来たら、陪審制は再施行されることに、もともとなっていたわけです。

元来、陪審制は国王の恣意的な振る舞いから国民の権利を守るという目的がありました。当時の陪審法では、陪審員に、三〇歳以上の男子、二年以上の定住、直接国税三円以上の納税という条件が設けられていました。裁判後の陪審員を取材した当時の新聞を読むと、現代の裁判員が裁判を終えて語る感想と見事なほど酷似しています。当時も国民が目の前の被告人に科す刑罰に対して、真剣に考えていたことが窺えます。

今回の裁判員制度には賛否両論がありますが、殺人犯・受刑者の立場から意見を述べてみたいと思います。

「更生の可能性」は考慮しなくていい

裁判員制度の対象には、殺人事件が多く含まれますが、皆さんのほとんどが、殺人とは縁のない生活をしてきたことと推察します。

また、メディア等では、判決までの殺人犯についての報道は多いですが、判決後どのように刑に服しているのかはほとんど報道しません。法廷でしおらしく反省と謝罪の弁を述べた被告人達が、その後何を考え、どういう生活をしているか、世間の人々は知る由もないでしょう。

裁判員制度が始まる前には、メディアがさまざまな国民の声を報道したり、アンケートの結果について公表していました。法律を知らないから不安、他人の人生を左右するなんて責任が重い、素人の自分が正しく判断できるだろうか……等々、真面目な意見ばかりでした。それまで全く知らない被告人の罪、被告人の将来を思料して判決を下すということは、責任を伴うだけに真剣にならざるを得ないでしょう。

しかし、LB級施設で長い間務め、多くの同囚と罪や反省の意識について話をしてきた私は、こう確信しています。被告人の将来について頭を悩ませる必要はない、と。法律については、プロである裁判官がいて助言してくれるのですから、知らなくても構いません。そんなことより、犯罪そのものに即して、判例に囚われることなく、社会の常識や倫理観に照らし合わせて判断すればいいのです。

皆さんの感覚からすれば、一〇年二〇年という年月は途方もなく長いものと感じられるでしょう。殺人を犯したとはいえ、そんなに長い刑を被告人に科していいのか、という逡巡があるのは分かりますが、すでに述べてきたように、長期刑務所の受刑者にとって、「一〇年二〇年はあっという間」なのです。

また、皆さんがイメージする「暗く苛酷な刑務所」は、皆さんの頭の中にしか存在しません。現在の刑務所は、受刑者の人権がインフレ化し、娯楽も用意された世界です。その証拠に、四六時中、受刑者の笑い声が絶えません。医療も備えられ、食事もまあまあ（当所は該当しませんが）です。「自由ではないけれど、不自由も感じません」と、当人達が楽しそうに話しています。大半の受刑者は、確実に社会にいた頃よりましな物を食べ、医者にも診て貰い、薬も与えられ、肉体的には健康的な生活をしているのです。

受刑者は、法廷では、反省と被害者・遺族への謝罪の弁を述べていますが、判決後、それを忘れずに日々過ごしている者はほとんどいません。逆に、被害者に責任を転嫁し、恨み、罵倒する、そのような者も少なくないのです。

しかし、まだ、そのようなことを言う者の方がましなのかと考える時もあります。何故ならば、殺人という自らの事件のことも、非業の死を遂げた被害者のことも一顧だにせず、何もなかったように生活している者が一般的だからです。

自分の欲望の為に人を殺し、何事もなかったかのように暮らしている。つまり、罪の意識がないということは、本当に恐ろしいことだと思います。

裁判員になった人は、法廷で被告人の表情や態度を真剣に見ながら、量刑について思い悩むでしょうが、「将来の更生の可能性」など、考える必要はありません。その時になってみなければわからない要素を持ち込んでも意味がない、というより有害だからです。判決を言い渡す際に、裁判長が被告人の将来の更生を期待し、量刑を軽減していることがありますが、するかどうか未知数の要素を被告人の利益にすることは公正なことだとは思いません。事実認定などで、疑わしきは被告人の利益にするのとは、筋の違う話です。そもそも、更生しようという者は稀なのです。

これまでの殺人事件の量刑には、殺人という行為を、こんな程度かなと画一的に捉え、当所の言葉で言う「あっという間の一五年」前後の刑を科してお仕舞いにしていた例があまりにも多すぎます。皆さんは、自分が大切だと思う家族を殺されて、加害者の一五年の刑を、十分な刑だと思えますか。これまでの判例主義から科される量刑の軽さを知っておいて欲しいのです。

また、被告人の不幸な生い立ち、社会での不遇などの事情はあったとしても、そのような人は社会に沢山います。それが原因となって犯罪に走ったのは、あくまで本人の責任です。似たような境遇にあっても、犯罪者にならず頑張っている人の方が遥かに多いということを念頭に置くべきです。

被告人の表情を見逃すな

被告人が法廷で述べる反省や謝罪の言葉も、注意深く他の供述と照らし合わせて下さい。そして、被告人の表情、態度をよく観察して下さい。

法廷に出る前の仮監獄（待機場所です）では、他の被告人とふざけ合っている者、漫画を読みながら高笑いしている者、他の被告人と反省の態度についてリハーサルする者と、目を疑うような光景が展開されています。逮捕されてから判決までの間、大半の被告人の頭の中には判決のことしかありません。仮に反省を深めるとしても、服役後です。深い反省には時間がかかります。真剣に反省し、悔いる被告人もいない訳ではないでしょうが、法廷の入退室、傍聴席にいる知人への合図等、注意深く見たならば被告人の関心が奈辺にあるかわかる筈です。

被告人は、殺した被害者のことよりも、傍聴席の知人のことを考えていることも多いのです。裁判を終え、仮監獄へ戻ってきた被告人が、傍聴席に来ていた報道関係者や知人・彼女のことについてばかり話すのは常識です。顔の向き、目の動き、手と足の動きを凝視し、法廷で話す言葉と比べてみて下さい。

被告人が長い刑を科されたとしても、刑務所で真摯に反省し、改心し、更生を目指したとしたら、それは被告人にとって大変な幸運です（人生をやり直せるということは、人として最高の贈り物を貰ったことだと思います）。自分を見つめ、自分の非を認め、改善しようという試みは、その者の将来を善きものとする筈です。

被告人は法廷でウソをつく

殺人事件では、被害者が死亡している為に、被告人は自らに都合の良い陳述をします。犯行動機・犯行態様・事件後の行動等でも、些細であろうとも、自分に有利に斟酌《しんしゃく》されることを図り、とくとくと虚言を弄するのです。

私の一件目の犯行の際に共犯となった運転手は、法廷で、事件の際に被害者を埋めた後、周辺から花を摘んできて手向けたと述べましたが、そのようなことはなかったという私の陳述により、同じ季節に検証が行われ、花等咲いていないことが証明されています。こんなことでさえ、裁判官の心証を良くしようとして嘘を言うのです。

また、殺害する際に被害者に加えた暴行を過小申告するのはよくあります。しかし、これは死体検案書を調べるならば、すぐに事実かどうかわかることです。私の周囲の殺人犯達の話では、被害者が無抵抗であるにも拘わらず、先に攻撃してきたという供述をした者も少なくありませんし、それを少しも悪いことだとは感じていません。死人に口なしと言いますが、法廷の場に於いて、すぐに看破されるような嘘の供述をするということは、その時点では反省がないということを示しています。

拘置所の生活では、被害者のことを考えている者は、ほとんどいないと言っても過言ではなく、関心事は自分の量刑です。この点について、誰よりも知っているのは、拘置所の職員ではないでしょうか。日常の生活を見たり、手紙を読んだり（検閲がありますす）して、被告人の内心を把握しているのです。この手紙の内容を逐次、閲覧できるように法制化すれば、違った一面も見られるでしょう。被害者には申し訳なく思っていますとしおらしく述べても、どのように、どの点が申し訳ないのかと問えば、普段から何も考えていませんから回答に窮します。被告人席に座り、落ち着きのない者は、事件のことや反省について、ほぼ考えていないでしょう。

時折り、忘れた頃に裁判官・裁判員の顔を瞥見《べっけん》するくらいなら別としまして、凝視するような被告人も同じです。自らが犯した行為であるにも拘わらず、裁かれることに不満や不信を持っているのです。自分が悪いことをしたと考えている者は、裁判官・裁判員をじっと見ることはできない筈です。

同囚との話でも聞くことができますが、私が以前、仮監獄で他の被告人から耳にしたことには、裁判中に裁判官を凝視し、その容姿について批評したり、自分が裁かれることについての不満や怒りを吐露するものが少なくありませんでした。

大体に於いて、警察・検察の取り調べで供述したことを、裁判時には覚えていない者も多いのです。訊問する度に供述が変わることは珍しいことではありません。裁判員になった人は、反省しています、被害者に申し訳ないことをしました、と語る被告人に、被害者の氏名・年齢・職業等の基本的な質問をするだけで、被告人がいかに被害者のことについて考えていないかを如実に知ることができるでしょう。

殺人犯である被告人が、良心の呵責もなく一方的な陳述をすることに対し、遺族はどのような思いでいるのでしょうか。自分の家族が殺され、しかも真実と異なり、被害者に非があるかのように陳述されたとしたら、どのような心境になるのか、想像してみることも必要だと思います。

殺人事件の被告人が反省も改悛の情もないことを縷々《るる》述べてきましたが、これは大仰に表現しているのではありません。反省や改悛の情を見せる人は、前述したようにせいぜい一、二パーセントくらいです。

私も殺人犯であり、彼らと同じ受刑者ですが、自分の身勝手な欲望で命を奪った被害者を非難したり、嘲笑する者を目の当たりにしますと、理不尽と感じると同時に、刑罰の軽さについて嘆息せざるを得ません。

被告人が、裁判長の更生を促す言葉に対して、心の奥底から応えていたならば、控訴することはない筈ですし、仮に弁護人が控訴しようとしても断わるでしょう。しかし、現実が違うことは、その後の進行を見ても明らかです。

私自身、服役していなければ、それらしく頷《うなず》く被告人の言葉を、ある程度は信じたと思います。しかし、長い間の服役生活が、全く別の文化の中に生きている受刑者の姿を教えてくれたことにより、良心が麻痺した人間が普通の表情で暮らしていることを知りました。その為、被告人の境遇等をなるべく捨象《しゃしょう》し、刑罰と行為の均衡、社会正義・秩序の維持、被害者・遺族の応報感情に鑑み、厳しく処断すべきだと考えるようになったのです。


「裁判員のカタルシス」より「犯罪行為の責任」を

平成二一（二〇〇九）年八月に、初めての裁判員制度による裁判が開始されましたが、科された量刑を見ますと、従来より振幅が大きいことがわかります。多分に、被害者・遺族の心情と被告人の境遇に対して、裁判員の感情が反映された結果ではないでしょうか。殺人罪で従来より判決が軽くなったケースでは、被害者遺族が被告人の親族であり、厳罰を望んでいない、或は被告人が長期間にわたり被害者の介護をしてきたという事件があります。被告人が世間の同情を集めたことは想像に難くありませんが、このような例では、市民感情が正しく反映したと言えるのではないでしょうか。

他方では、検察官の求刑とさほど変わらない判決もありますが、新聞を具《つぶさ》に読みますと、被告人の嘘の反省や供述、また、強姦事件では被害者の心の痛みが告げられ、犯行に対しての厳しい処罰が求められたのがわかります。

以前のように、判で押した如く判決が検察の論告求刑の七掛けから八掛け、というのはなくなってきていますが、その分、検察の求刑が事件によって重くなったり、軽くなったりしています。

それに呼応するかのように、弁護側意見も、単に寛大な刑を、ではなく具体的に懲役年数を示すようになりました。裁判員を意識して、双方共にわかり易さということを心掛けているようですが、一般の人が事件について考えるという意味では良いことだと思います。また、裁判員に指名されて、「何を聞いていいのか分からない」という人は、自分が被害者になったとしたら、何を知りたいのかを考えれば、自ずと質問は出てくると思います。

私が違和感を覚えるのは、裁判後の裁判員のコメントに、何かをやり遂げた、等の言葉があることです。充実感があった、達成感があった、というのを聞きますと、裁判期間を経るうちに、裁判員の心理が自分の内側に向いていくような感があり、事情は理解できますが、小さな棘が残ったような気になります。

また、更生について被告人に言葉を伝えることに、特に重きを置いているようなコメントがありますが、これは裁判員本人の満足感やカタルシスから発せられている感が強く、人情ドラマを見せられているようで首を傾げてしまいます。

更生させ立ち直らせることは大事ですが、それ以上に、裁判員に求められるのは「犯罪行為の責任を取らせ、刑罰を科す」ことではないでしょうか。

死刑の求刑を恐れない

裁判員が最も頭を悩ませる問題は、死刑が相応しいような事犯で、死刑を科すことができるかどうか、ではないでしょうか。

これまで述べてきたように、私は、死刑によってしか償えない（正確に言えば、死刑になっても償えない）罪はある、と考えています。その立場から言えば、死刑反対の立場の人は裁判員を辞退すべきだと思います。

裁判員は、人の命が懸かっているだけに懊悩するでしょうが、まず、被告人が一体どんなことをしたのかを考えて下さい。被害者はその時何を考えながら、どのような苦痛の中で死んでいったのか。遺族の心情はどうなのか。当てにならない被告人の更生のことよりも、そのことをよく顧みて下さい。

ヘーゲルは、死刑の妥当性について語っています。

「我々の行為の戒律が普遍的であるかのように振る舞うことだとするならば、彼を殺すことは、彼の選択した戒律を施すことであり、彼の行為を普遍性として認めることに他ならない」

逆説的に言いますと、自らの意志で欲望の為に他者の生命を奪った者を生かしておくことは、加害者自身のルールに背くということです。

更生の可能性の有無と、犯した罪の大きさは関係がありません。世間では、凶悪犯が反省し、改悛の情を示していることに対し、好意的な言葉を掛け、善人であるかのように扱いますが、本来、反省することは当然のことなのです。犯罪者は人の心を持っていないという世間の大前提があるからでしょうが、加害者が改心して更生を目指そうとするのは、最低限の義務であり使命に過ぎません。

　また、将来がない死刑囚に反省も更生も必要ない、しても仕方がないという言葉を聞くこともありますが、これも誤りです。反省し更生することは、将来があるとかないとかは全く関係ありません。加害者としての責務であり、他人の命と未来を奪った者の当為です。

　殺人を犯した者が、命を以って償うのだから、タリオ（同害報復）の考え方では均衡する、従って反省の必要はないという理屈もあり、現実にそれを主張している死刑囚もいますが、均衡していません。被害者には殺される理由がなかったこと、殺害される際の肉体的苦痛（大概の殺人は、死刑執行のように一瞬では終わりません）、自分が唐突に殺されるという激甚なショック、刻一刻と死に近付いている恐怖、原因のない死に対する無念、淋しさ等々、挙げたらキリがありません。

　他方、加害者である死刑囚には、何の科《とが》もない人を無慈悲にも殺したという、死ぬべき理由があり、死ぬ間際の恐怖も肉体的苦痛も被害者に比べて圧倒的に少ないものとなります。処刑を待つ間の恐怖というものはありますが、それは当然の懲罰の一環にすぎません。

裁判官個人の心情に流されない

加害者にとって、己の生死は関係ないことであり、自分の罪に目を向け、更生に取り組むことが責任だと思います。

これを記すことには躊躇いがありますが、私は、正しく生きよう、自分の心を糺そうと目指してから、余計な欲が減り（全て消えないところが私の愚かさの所以です）、心の中に僅かずつアタラクシア（平穏）が生起してきました。これは、被害者や遺族の為には、少しも益することではありません。加害者だけに作用する現象です。

そのような事情もあり、被告人の将来や更生について、殊更に考慮する必要はありません。罪質とその影響について審理し、求められると思う時には臆することなく死刑を科すことが、裁判員としての要務です。

現在でも裁判官の中には、職責よりも自己の信条を優先し、被害者の人数が一人の場合は死刑を回避する人がいます。裁判員には犯行態様をよく検分し、裁判官個人の心情に流されないことを希望しています。

裁判員制度を扱った書籍には、迷った時には無期懲役刑にしようという、責任と良心を放棄した浅薄な意見が記されているものもあります。法の正義と被害者の人権を、これほど愚弄した意見はありません。そのような無責任な行為がないことを願っています。加害者・被害者双方に過剰に感情移入することを避け、捜査報告書、死体検案書、実況見分調書、供述調書を調べ、事実を究明し、粛々と処断して欲しいと思います。

ごく普通の社会人が犯罪という行為に向き合う機会が出来たことで、僅かでも犯罪が減り、被害者・遺族への支援が拡がることを、醜行を犯した加害者の一人として、切望致します。

おわりに

前著の『人を殺すとはどういうことか　長期LB級刑務所・殺人犯の告白』を読まれた方達から、いろいろと手紙を頂きました。賛同や批判の声の他に、「正しく生きる」ということについて教えてくれた方もいます。そのような時に、自分はそのような厚意を受けるに値する人間だろうかと、我が身と被害者遺族のことを思い、一層姿勢を正し、人として真摯に生きようと決意を新たにします。

前著を読んだ方の中には、私が出獄しないと言っているのは建前であり、反省しているというアピールの意味で出版しているのではないかという意見もありました。たしかに、社会にいることが当たり前の人、或は論理的思考に優れた人なら信じがたいかも知れません。しかし私は、自分の行ったことについて取り返しのつかない過ちを痛感し、既に償いはできず、謝罪を生涯していくことを決めています。そして、僅かでも正しく生き、人間らしく最期を迎えるにはどうすべきか、ということを統合的に思料して、出ないということを決めました。自ら希望して仮釈放の対象にならない処遇に甘んじて数年が経ちますが、社会のことはとっくに頭から放擲《ほうてき》しています。

社会に出る、出ないということが、そのまま将来がある、ないという意味ではありません。自らの行為を省みることもなく、犯罪者から脱け出そうとしない者には、社会に出られたからと言って将来はありません。殺人犯である以上、未来に関係なく、仮に明日逝くとあっても、反省し改心するのは責務です。私は自虐的でも自己満足でもなく、純乎《じゅんこ》とした思いで、自分の非と向き合い、どのような処し方があるのか模索していきたいのです。

私は、被害者遺族や、このような問題について真剣に考察している方達の声を、できるだけ聞きたいと切望しています。読者の方からの手紙では、我が子を喪われた途方もない苦しみ、哀しみについて教えて頂くこともあり、我が罪の果てしない深さを改めて感じることもあります。励ましと共感の手紙を下さる方、ご夫婦で応援して下さる方、どうして人殺しの私にこれほど温かくしてくれるのか、感謝の念に堪えないと共に、より誠実に生きなければと、己を自戒しています。

私が狂のつくほどの読書好きという点から、文学の持つ力が、私の凶行を止められなかったのかという感想もありましたが、誠にその通りです。前著にも書きましたように、文字を論理として追っていただけであり、そのエッセンスが精神に浸透し、芽を吹くことはありませんでした。他者に配慮することはあっても、己の信条の為には一切を無視し、エゴを現実化しました。

今回の服役では、そのような点が、時の経過と共に浮かび上がり、自分の偏向した価値観と向き合うことになりました。プラグマティズムの中で生きてきた私ですが、過ちを振り返り、改善すべき点がわかったのです。以来、懐疑心を持ちながら、殺人犯としての私がどのように生きるべきか、どのように謝罪をするのか、思考を重ねています。

そのような日々の暮らしの中で私の反省や改心、更生が被害者・遺族に対して、何らかの具体的な謝罪になるのだろうかと、疑念が生じてきます。

世間では、改悛の情を示し、更生することは、被害者に対する償いである、謝罪になると言いますが、本当にそうでしょうか。私が知る限り、遺族は加害者の更生を望むことはなく、反省の弁も聞きたくないと言う方が多数でした。加害者の深い悔悟の念が償いであり、被害者の冥福をも祈る行為となる、というのは言葉の響きとしてはよいのでしょうが、実際に被害者や遺族に対しては何になるのでしょうか。改心し、正しく生きようと決意することは、加害者本人の人生が善くなることであり、被害者・遺族には何ら関係ないのではと思います。

私自身が、己の誤りを是正し、正しく生きようとすることは、被害者への償いになるのか、疑問の余地があります。それまでの生き方を変え、人として正しく在ろうとすることは、あくまで加害者にとって、人間回帰ということでプラスですが、何故、人の命を奪った加害者にだけ、このような恩沢があるのか、理不尽・不条理といったものを感じます。

不思議なもので、出ないと決めた時から、日々の暮らしが変わってきました。物理的な不自由はありますが精神的には自由です。この中にいても、これまで続けてきた奉仕の真似事はできますし、目標もあります。

それに、机に向かって勉強をしていたり、読書している時は社会にいる時と変わりありません。あれが欲しい、これがやりたい、あれを食べたい等と一切考えなければ、何処にいようと苦ではないことに気が付きました。他の受刑者にとっては、ここは仮の世界かもしれませんが、私にとってはここが社会であり、世界です。

但し、終生、獄にいることが免罪符だとも、償いだとも考えてはいません。知行合一ではありませんが、実際の行動により、自分の謝罪を形にしたいというだけです。長く暮していても、未だに感情的に慣れないこと、慣れてはいけないことがありますが、刑務所に入ったことにより、考え方が変わり、人としてどのように残りの人生を処すかということを大切にするようになりました。

刑務所という施設では、内なる精神の世界で生きることが可能であり、望まれることです。その中で、虚心に自身を見つめ、己の罪と向き合い、被害者のことを真剣に思うならば、自然と反省の心が浮かんでくると思います。特に、長期刑務所では時間が長いだけに、人生をやり直そう、変えようとする為には好機となります。加害者だけが更生できることに疑念はありますが、その機会を生かし、犯罪者という生き方から脱することは当為です。

「そもそも、よき精神を持つだけでは不完全であって、よき精神を正しく働かせることが大切である」

デカルトの『方法序説』にある言葉ですが、私も、この言葉を服膺《ふくよう》し、実践したいものです。

読者の皆さんが、私の拙い文章を最後迄、読んで下さったことに深く感謝致します。殺人犯であり、受刑者の立場を顧みず、勝手なことを述べ、御不興を買いましたことを御寛恕下さい。今後も自分の立場で何ができるのか、真摯な謝罪とはどのようなことか、考究していきます。

社会のことを一毫も考えることがなくなったせいなのか、わかりませんが、私が今いるこの場所、この時間が私にとっては相応しく感じられます。窓から射し込む、目映い光に目を奪われ、過去の記憶の襞《ひだ》をまさぐる時に、あの時にもう一度、時が戻るならばと夢想することもありますが、奪った命を取り返すことはできません。

光の粒子の瞬きに、自分の愚かさを悔いる度に、体の奥の芯に熱を帯びた疼きを感じます。殺人を犯した者の人生は、どれだけ善行を重ねようとも非難に値するものであり、ピースの欠けたジグソーパズルのようなものだと思います。ピースが欠けていようとも、最後迄、作らなければなりませんし、欠けた部分の凹みを生涯、指先でなぞり、忘れずに生きていくしかありません。

最後になりますが、被害者遺族の方達、社会の皆さんが考える反省、謝罪とはどのようなものなのか、御意見を聞かせて頂ければ幸いです。

今回は、お付き合い下さいまして、本当にありがとうございました。

二〇一〇年六月

美達大和

美達大和　1959(昭和34)年生まれ。「LB級刑務所」に服役中の無期懲役囚。罪状は二件の殺人。著書に『人を殺すとはどういうことか　長期LB級刑務所・殺人犯の告白』『ドキュメント長期刑務所』がある。

Ⓢ新潮新書

373

死刑絶対肯定論《しけいぜったいこうていろん》
無期懲役囚《むきちょうえきしゅう》の主張《しゅちょう》

著　者　美達大和《みたつやまと》

2010年7月20日　発行
2025年7月20日　7刷

発行者　佐藤隆信

発行所　株式会社新潮社

〒162-8711　東京都新宿区矢来町71番地
編集部(03)3266-5430　読者係(03)3266-5111
http://www.shinchosha.co.jp

印刷所　株式会社光邦
製本所　株式会社大進堂
©Yamato Mitatsu 2010, Printed in Japan

乱丁・落丁本は、ご面倒ですが
小社読者係宛お送りください。
送料小社負担にてお取替えいたします。

ISBN978-4-10-610373-5　C0232

価格はカバーに表示してあります。

Ⓢ新潮新書

766
発達障害と少年犯罪
田淵俊彦
NNNドキュメント取材班

負の連鎖を断ち切るためには何が必要なのか。矯正施設、加害少年、彼らを支援する精神科医、特別支援教育の現場などを徹底取材。敢えてタブーに切り込み、問題解決の方策を提示する。

520
反省させると犯罪者になります
岡本茂樹

累犯受刑者は「反省」がうまい。本当に反省に導くのならば「加害者の視点で考えさせる」方が効果的——。犯罪者のリアルな生態を踏まえて、超効果的な更生メソッドを提言する。

659
いい子に育てると犯罪者になります
岡本茂樹

親の言うことをよく聞く「いい子」は危ない。自分の感情を表に出さず、親の期待する役割を演じ続け、無理を重ねているからだ——。矯正教育の知見で「子育ての常識」をひっくり返す。

702
ADHDでよかった
立入勝義

正面から向き合ったことで、「障害」は「強み」に転じた。実は世の天才、成功者も「ADHDだらけ」！　アメリカ在住20年の起業家・コンサルタントが綴った驚きと感動の手記。

756
「毒親」の正体
精神科医の診察室から
水島広子

「あなたのため」なんて大ウソ！　不適切な育児で、子どもに害を与える「毒親」。彼らの抱える精神医学的事情とは。臨床例をもとに精神科医が示す、「厄介な親」問題の画期的解毒剤！

Ⓢ新潮新書

752 イスラム教の論理 飯山陽

コーランの教えに従えば、日本人は殺すべき敵であり、「イスラム国」は正しいイスラム教徒である──。気鋭のイスラム思想研究者が、西側の論理とはかけ離れたその本質を描き出す。

748 外国人が熱狂するクールな田舎の作り方 山田拓

なぜ、「なにもない日本の田舎」の「なにげない日常」が宝の山になるのか？ 地域の課題にインバウンド・ツーリズムで解決を図った「逆張りの戦略ストーリー」を大公開。

744 日本人と象徴天皇 「NHKスペシャル」取材班

戦後巡幸、欧米歴訪、沖縄への関与、そして続く鎮魂の旅──。これまで明かされなかった秘蔵資料と独自取材によって、象徴となった二代の天皇と日本社会の関わりを描いた戦後70年史。

742 軍事のリアル 冨澤暉

現代の軍隊は戦争の道具ではなく、世界の平和と安定の基盤である。自衛隊を正しく「軍隊」と位置づけ、できることを冷静に見極めよ──。元陸上自衛隊トップによる超リアルな軍事論。

729 リベラルという病 山口真由

LGBTQQIAAPPO2Sって何？「正しさ」に憑かれたリベラルの理想と現実、トランプ政権下で大きく軋むアメリカ社会の断層を、歴史的経緯から鮮やかに分析。

Ⓢ新潮新書

719
生涯現役論
佐山展生
山本昌

地道な努力と下積みをいとわず、「好き」を追究しつづける――。球界のレジェンドと最強のビジネスマンの姿勢は驚くほど共通していた。人生100年時代に贈る勇気と希望の仕事論。

360
日韓がタブーにする半島の歴史
室谷克実

「文明は半島から来た」なんて大ウソ！ 半島の正史や「隋書」によれば、倭人が半島を教導し、倭国は文化大国として尊敬されていたのだ。日韓古代史の常識を覆す、驚天動地の一冊。

357
お坊さんが隠すお寺の話
村井幸三

頼みの「葬式仏教」は期限切れ寸前、過疎化で檀家が激減、後継者もいない……、このままでは、間違いなくお寺は崩壊する。お坊さんが黙して語らない、現代のお寺事情。

348
医薬品クライシス
78兆円市場の激震
佐藤健太郎

開発競争が熾烈を極めるなか、大型新薬が生まれなくなった。その一方で、頭をよくする薬や不老長寿薬という「夢の薬」は現実味を帯びる。最先端の科学とビジネスが織りなすドラマ！

1083
生きる言葉
俵万智

言葉の力が生きる力とも言える現代社会で、日本語の足腰をどう鍛えるか、大切なことは何か。様々なシーンでの言葉のつかい方を歌人ならではの視点で実体験をふまえて考察する。